AMORES LOUCOS

A devastação materna e nas parcerias amorosas

Andréa Eulálio

AMORES LOUCOS

A devastação materna e nas parcerias amorosas

Artesã

Amores loucos: a devastação materna e nas parcerias amorosas

1ªEdição - 3ª Reimpressão julho 2025

DIRETOR
Alcebino Santana

DIREÇÃO DE ARTE
Tiago Rabello

REVISÃO
Cristhiane Maurício Cornélio

CAPA
Artesã Editora

IMAGEM DE CAPA
Giulia Puntel (*Janela*)

FOTOGRAFIA DE ORELHA
Barbara Schall

PROJETO GRÁFICO E DIAGRAMAÇÃO
Conrado Esteves

A524

Amores loucos : a devastação materna e nas parcerias amorosas / Andréa Eulálio. – Belo Horizonte : Ed. Artesã, 2020.
148 p. ; 21 cm.
ISBN: 978-85-7074-007-6

1. Psicanálise. 2. Psicologia. 3. Amor. I. Eulálio, Andréa.

CDU 159.964

Catalogação: Aline M. Sima CRB-6/2645

IMPRESSO NO BRASIL
Printed in Brazil

ARTESÃ EDITORA LTDA.
Site: www.artesaeditora.com.br
E-mail: contato@artesaeditora.com.br
Belo Horizonte/MG

Ao meu pai, que depois de encantado
se transformou em escrita.

Agradecimentos

Foi em torno do impossível de dizer que este livro foi tecido a partir das sobras do real da clínica do feminino. Fruto da minha dissertação de Mestrado defendida na FAFICH – UFMG, em fevereiro de 2015, este livro conserva o texto original e pequenas alterações foram feitas a fim de deixar o texto mais leve. Agradeço especialmente à genialidade da professora Márcia Rosa Luchina, por sua orientação firme e talentosa. Ao professor Jésus Santiago, pelo entusiasmo e pela precisão teórica com que acolheu a minha pesquisa. À Graciela Bessa, por nossas infindáveis discussões sobre o feminino, e por suas inúmeras contribuições que enriqueceram o meu trabalho, sou muito grata pela sua generosidade. À Banca Examinadora composta por Antônio Teixeira e pela querida Suzana Barroso, que juntamente com Márcia Rosa, foram os principais incentivadores à publicação deste livro.

Agradeço aos colegas do Núcleo de Pesquisa e Psicanálise com Crianças do Instituto de Psicanálise e Saúde Mental – Escola Brasileira de Psicanalise – seção MG, pelas discussões teórico-clínicas, constituindo um espaço fundamental para minha formação.

À Fernanda Otoni de Barros-Brisset e Maria Rachel Botrel pelo entusiasmo com que acolheram na Escola, a minha publicação.

À Cecília Lana e Clarissa Vieira agradeço o primor e o cuidado com a revisão do meu texto.

À Michelle Sena, por ser tão generosa. Agradeço a sua sensibilidade em aproximar a arte da minha escrita.

Agradeço às amigas de sempre, Margaret Couto e Dade Sena, que me fazem querer abraçá-las todos os dias da minha vida. À Cristiana Pitella por me estender a mão da coragem. À Patrícia Ribeiro, companheira de tantos assuntos e tantas viagens. Ao Fernando Casula, pelos papos cariocas e pelo coleguismo inaugurado numa fase mais tardia na nossa trajetória na Psicanálise.

Ao meu Pai e minha Mãe, por se manterem lúcidos em seu amor pela família. À Luciana e Mirian, por nossa cumplicidade em nossas lutas diárias. Agradeço à Roberta e ao Marcos, por sintetizarem a mais perfeita tradução do que é o amor em minha vida. Ao Lucas e Natalia que vieram para ficar. Ao João, Leonardo e Pedro, meus "new Beatles", que me ensinam o que é saudade e alegria.

Ao Eduardo, por saber sempre como erguer uma barreira, todas as vezes que a força das águas ameaça invadir a nossa casa.

À Cristina Drummond, por um dia ter me dito: "Venha! ". Serei sempre grata.

E à Editora Artesã, pela parceria.

À face do oceano
sob a falésia
sobre a parede de granito
estas mãos
abertas
Azuis
E negras
Do azul da água
Do negro da noite
O homem estava só na gruta
à face do oceano
todas as mãos tem o mesmo tamanho
estava só
O homem sozinho na gruta olhou
no marulho
no marulho do mar
a imensidão das coisas
E gritou
Você que traz o nome você dona do dom da identidade
eu te amo

O desejo
a palavra ainda não foi inventada
Ele olhou a imensidão das coisas no fracasso das ondas, a imensidão da força
e depois gritou
Para além dele as florestas da Europa, sem fim
Ele está no centro da pedra
dos corredores
dos veios da pedra
de todas as partes
Você que traz o nome você dona do dom da identidade
eu te amo com um amor indefinido

*As mãos negativas**, Marguerite Duras[1]

* Chamam-se mãos negativas as pinturas de mãos encontradas nas grutas madalenianas da Europa do Atlântico Sul. O contorno dessas mãos – postas bem abertas sobre a pedra – era revestido de cor. Quase sempre de azul ou negro. Às vezes de vermelho. Nenhuma explicação foi encontrada para essa prática.

1 DURAS, M. (Diretora). (1979). *Les mains négatives*. [35mm]. Paris: Les films du losange.

Sumário

Prefácio

Márcia Rosa Vieira Luchina

Recentemente, uma jovem mulher, ativista de Direitos Humanos, foi condenada à morte por filmar e disponibilizar em redes sociais protestos contra a monarquia absoluta da Arábia Saudita, onde se proíbe manifestar-se contra o regime. No Brasil a cada duas horas uma mulher é assassinada, sendo que um quarto dessas mortes é registrada como feminicídio, ou seja, crimes de ódio motivados pela condição de gênero. Em que pese isso, o ano de 2018 trouxe algumas conquistas, aqui e acolá: mulheres do Oriente Médio conquistaram sua carteira de motorista e seu direito de dirigir, mulheres nigerianas conseguiram criminalizar a mutilação genital feminina, ato que atingiu 25% das mulheres entre 15 e 49 anos naquele país, localizado na África Ocidental.

Em cada um dos contextos mencionados, constatamos a presença da devastação na relação com as mulheres, tenha ela vindo das tradições, dos preconceitos, das segregações, de leis discriminatórias, etc. É nesse horizonte que encontramos o instigante trabalho de Andréa Eulálio de Paula Ferreira, que toma como objeto de sua investigação exatamente a noção de devastação. Ao situá-la no horizonte conceitual da psicanálise, ela nos convida a um debate que, sem desconhecer as questões sociais, culturais e políticas que a violência contra a mulher implica, traz a noção de devastação para o campo da clínica, contribuindo, portanto, para a abertura de trilhas que nos levam às possibilidades de abordagem terapêutica da questão.

De modo a não se perder em um horizonte tendente ao infinito, Andréa escolhe lançar luz sobre a difícil relação entre uma menina e sua mãe, matriz mesma das devastações subjetivas, e interrogar suas repercussões nas parcerias amorosas. De um lado, o encontro com as meninas de uma escola de periferia e a constatação do seu apego excessivo às suas mães, fonte de amor bem como de ódio e rivalidades; de outro, na escuta clínica das mulheres no plantão psicológico na Delegacia de Mulheres e no dispositivo analítico constata-se, na diversidade dos discursos de cada uma, a presença de um amor sem limites, seja na relação com a maternidade, com os homens, com outras mulheres, etc. A presença desse ilimitado no campo do feminino é, então, tratada a partir de Freud, quando este afirma que "a problemática feminina não é, no fundo, outra coisa senão o retorno inelutável da relação antiga com a mãe". Lacan servir-se-á disso ao afirmar que a relação da menina com sua mãe, além de "carrear sempre estragos", abriga a expectativa frustrada de receber "mais substância" daquela do que de seu pai. Tanto um quanto outro se servem dos percalços dessa experiência infantil, menina-mãe, para ler o que se passa na parceria entre um homem e uma mulher, quando ela é atravessada pela devastação.

Ao se servir do termo francês, *ravage*, Lacan assinala a presença simultânea, no seu campo de ressonância, da ideia de ruína, de destruição, portanto, de devastação, mas também de um corpo arrebatado (*ravi*) para fora do espaço e tempo, em êxtase. Para tratar essa dimensão de ilimitado presente no campo do feminino, Andréa se serve do belo e comovente romance de Marguerite Duras, *Barragem contra o Pacífico*. Nele, ao jogar com o equívoco entre *mer* (mar) e *mère* (mãe), Duras nos leva a testemunhar a pungente experiência de uma mãe/mulher que, depois de ter apostado todas as suas economias em um terreno à beira do Oceano Pacífico, descobre que são infrutíferas as suas barragens contra a invasão do mar.

No decorrer da leitura de *Amores loucos: a devastação materna e nas parcerias amorosas*, encontramos vários autores – Freud, Lacan, Duras e a própria Andréa Eulálio. Eles se servem, cada um a seu modo, de um mesmo recurso para tratar o gozo suplementar da mulher, recurso que não é outro senão aquele da escritura. Frente a isso, impossível não evocar Duras quando diz: "escrever, não podemos, ninguém pode e, no entanto, escrevemos!".

Os meus votos são de que estas letras de Andréa voem e alcancem cada uma das meninas de escolas de periferia, cada uma das mulheres de Delegacias de Mulheres e cada uma das que buscam o dispositivo analítico, cada uma das mulheres que, desassossegadas, interrogam as suas parcerias, cada um dos homens que, perplexos, querem saber sobre os enigmas femininos e, além de tantos outros, cada um dos leitores de Freud e Lacan e às suas interrogações sobre uma clínica psicanalítica do feminino.

1. Introdução

A noção de devastação mostra-se relevante para tentar elucidar, na experiência clínica, alguns pontos referentes ao feminino que, desde sempre, permanecem obscuros diante da inexistência de um significante que defina *A* mulher, situação que afeta não só as mulheres, mas o ser de linguagem, e que requer soluções para ambos os sexos.

Em ascenção, a clínica da devastação feminina sinaliza a presença da versão lacaniana do gozo feminino, que se constitui enquanto báscula entre o gozo fálico e o gozo não-todo submetido ao falo, e apresenta-se ao sujeito como um campo ignorado, deserto de referências, permanecendo inacessível ao saber inconsciente. O gozo feminino entrou na cultura caracterizado como regime do gozo não-todo pelas diversas modalidades de relação do sujeito com o Outro, com o corpo, e pelas inúmeras dificuldades com o laço social, que se fazem notar sobretudo nas mulheres por serem as mais afetadas pela falta de identificação simbólica e imaginária para o feminino, seja nas parcerias amorosas, na maternidade ou no amor.

Esta pesquisa que deu origem ao livro iniciou-se com um trabalho realizado com crianças de uma escola de um bairro da periferia de Belo Horizonte. No atendimento às meninas, pude perceber que algumas delas demonstravam um excessivo apego à figura materna, além de uma forte identificação quanto ao modo de falar, de agir e de se vestir da mãe. Em contrapartida, pude presenciar, em outros casos, sentimentos de rivalidade e de agressividade em relação à mãe e um maior interesse pela figura do pai. Freud afirmara que "a problemática feminina não é, no fundo, outra coisa, senão o retorno inelutável da relação antiga com a mãe" (Freud, 1931/1976, p. 261).

Dando prosseguimento a esse trabalho, realizei, durante um ano, entrevistas com mulheres que procuravam o plantão psicológico da Delegacia de Mulheres para prestarem queixa sobre os modos de subordinação e violência a que estavam submetidas em suas parcerias amorosas. Apesar da diversidade encontrada entre as mulheres, havia um ponto em comum entre elas: a submissão amorosa em suas parcerias com os homens. Um "amor sem limites", que retornava para elas como devastação.

Não é raro constatar casos clínicos de mulheres que permanecem muito ligadas à mãe, recusando o enlaçamento com os homens, podendo chegar até à homossexualidade, ou de mulheres que se entregam inteiramente ao amor de um homem, muitas vezes abrindo mão até das coisas mais essenciais de suas vidas. Também se apresentam na clínica casos de mulheres que relatam seus impasses em relação à experiência da maternidade. Há tanto mulheres que exercem a maternidade com uma devoção absoluta quanto mulheres que não conseguem ocupar o lugar de mãe.

O termo *devastação*, em francês, *ravage*, conserva duas direções de sentido. Pode estar associado à ideia de ruína, de destruição, ou à ideia de um corpo arrebatado (*ravi*) que é lançado fora do tempo e do espaço, na vertente de um êxtase, de uma felicidade suprema. No dicionário, o sentido do termo remete a uma destruição sem limites, a algo avassalador. Devastar é arruinar, tornar deserto; mas também pode indicar arrebatamento, deslumbramento, encantamento, significados para os quais o termo mais usado é *ravissement*.

A escolha de utilizar a escrita de Marguerite Duras – e, mais especificamente, seu romance *Barragem contra o Pacífico* (1950/2003) – deve-se muito ao olhar atento da escritora para as questões relativas ao feminino e à singular descrição que ela faz de seu padecimento na relação com sua mãe, apesar de Marguerite Duras não ter se referido ao romance como autobiográfico em nenhum momento. A ligação metafórica entre o mar e a mãe é muito forte no romance de Duras. Ambos estão sempre ali, onipresentes, invasivos. A barragem contra o Pacífico deverá conter não só o mar, que inunda as plantações de arroz, como também o amor enlouquecido da mãe pelos filhos. É importante esclarecer que, ao aproximar a psicanálise da literatura, não se trata aqui de dar uma significação feminina a esses escritos, nem de nos interrogarmos sobre a autora. Trata-se, sobretudo, do sujeito e de sua escrita, a qual, no caso específico desta pesquisa, dá relevância ao tema da devastação.

Existem três momentos em que o termo *devastação* aparece no ensino de Lacan. Em *O Seminário, Livro 17: o avesso da psicanálise* (1969-1970/1992), quando Lacan está trabalhando o mais além do complexo de Édipo, o termo surge ligado ao desejo da mãe, independentemente de ser a criança menino ou menina: "O desejo da mãe não é algo que se possa suportar assim, que lhes seja indiferente. Carreia sempre estragos" (Lacan, 1969-1970/1992, p. 118).

Em "O Aturdito" (1972), publicado em *Outros Escritos* (2003), Lacan retorna ao tema da devastação, ao dizer que as mulheres não têm nada a perder quando se trata da castração. É a relação com a mãe, em sua vertente mulher, que, na maioria das vezes, constitui devastação para a filha. A filha espera da mãe algo com mais "substância" do que do pai.

Como esse texto é contemporâneo às elaborações de Lacan sobre as fórmulas da sexuação e sobre o gozo feminino, buscaremos contextualizar a citação sobre a devastação nos textos lacanianos, que servirão de base para fundamentar nossa investigação.

Por fim, o terceiro momento em que o termo aparece nas elaborações lacanianas está em *O Seminário, livro 23: o sinthoma* (1975-1976/2007). Nesse momento, a devastação aparece ligada à sexualidade feminina. Nesse Seminário, Lacan, inspirado pela escrita de Joyce, propõe as diversas possibilidades de amarração entre os nós borromeanos, que irão corresponder às distintas maneiras dos sexos se relacionarem entre si. Ao fazer referência à devastação como ligada ao campo amoroso, Lacan afirma que: "Se uma mulher é um *sinthoma* para todo homem [...], o homem é para a mulher tudo o que quiserem, a saber, uma aflição pior que um *sinthoma*, [...] trata-se mesmo de uma devastação" (LACAN, 1975-1976/2007, p. 98).

Em *O Seminário, livro 17: o avesso da psicanálise* (1969-1970/1992), quando Lacan está discutindo o além do Édipo, fica evidente que o termo *devastação*, usado para designar a relação entre mãe e filha, refere-se também ao que está para além da reivindicação fálica dirigida à mãe, ou seja, ao encontro da menina com o Outro materno enquanto Outro do gozo. Para além da demanda amorosa, algo da mãe escapa à lei simbólica, tornando mais difícil para o sujeito metaforizar o desejo materno.

Lacan, ao afirmar que o desejo da mãe é devastador para a criança, independentemente de ela ser menino ou menina, levou-nos a indagar: haveria alguma especificidade no caso de o desejo materno estar endereçado a uma menina? A parceria amorosa é sempre devastadora para a mulher, ou ela poderia ser considerada como uma solução, como uma saída da devastação? Além disso, poderia uma mulher ser devastadora para um homem?

O termo *devastação* extraído da citação presente no texto "O Aturdito" (1972/2003), publicado em *Outros Escritos* (2003), encontra-se, aí, articulado ao complexo de Édipo e ao complexo de castração, tal como foi conceituado na teoria freudiana. Em seguida, Lacan avança para além dos referidos complexos. Ao afirmar que a "realidade de devastação" constitui-se para a maioria das mulheres na relação com a mãe, enquanto mulher, Lacan deixa-nos entrever que algo referente à questão da feminilidade aparece e que a função que o falo desempenha aí poderá nos auxiliar a elucidar o termo *substância*:

> Por essa razão, a elucubração freudiana do complexo de Édipo, que faz da mulher peixe na água, pela castração ser nela ponto de partida (Freud *dixit*), contrasta dolorosamente com a realidade de devastação que constitui, na mulher, em sua maioria, a relação com sua mãe, de quem, como mulher, ela realmente parece esperar mais substância que do pai – o que não combina com ele ser segundo, nessa devastação. (LACAN, 1972/2003, p. 465)

Já o termo *devastação* referido à parceria entre a mulher e o homem, conforme apresentado em *O Seminário, livro 23: o sinthoma*, levou-nos a indagar se haveria alguma conexão entre essa acepção do termo e os textos freudianos que apresentam o *Penisneid* como reivindicação fálica dirigida à mãe e, posteriormente, ao marido. A devastação materna pode ser considerada como compatível à devastação pelo homem? Contudo, nesse momento, Lacan estava se dedicando à elaboração das fórmulas da sexuação, as quais explicitam a diferença sexual a partir do gozo fálico e do gozo não-todo fálico. A modalidade de gozo não-todo, que elucida a posição feminina, permitirá a Lacan dar uma passo a mais em relação às parcerias amorosas e à função do amor.

Nas fórmulas da sexuação, Lacan explicita a diferença sexual a partir da lógica, fazendo do falo uma função e mostrando como homens e mulheres cumprem ou não a função fálica. Os sujeitos que se posicionam do lado homem estão confrontados a uma exceção, a partir da existência de "ao menos um" que não está submetido à função fálica, que, por sua vez, possibilita a existência de um conjunto fechado. Isso quer dizer que todos aqueles que ali se encontram estão inscritos na lógica fálica.

Do lado da mulher, isso não é possível. As mulheres não estão confrontadas a uma exceção, e sim a uma inexistência. Consequentemente, do lado mulher, não se pode construir o conjunto de todas as mulheres. A ausência de uma exceção constitui o sujeito que aí se instala fora do universal, em que cada uma é uma. Ao se localizar do lado mulher das fórmulas, o sujeito feminino pode se inscrever pelo viés de um gozo que tem relação com o ilimitado. Isso significa que o gozo do corpo não se encontra limitado pelo falo.

Quanto à devastação na parceria amorosa, ela se expressa por meio da demanda desmedida das mulheres àquele que elas supõem que possa responder sobre o seu ser de mulher. Do lado mulher, não há um limite que aplaque todos os mal-entendidos do sujeito feminino, quer seja o mal-entendido da relação da menina com a mãe, com o pai ou com o parceiro amoroso.

A fim de tentar responder às questões suscitadas principalmente pela minha clínica, assim como tentar esclarecer a noção de devastação formulada por Lacan e as soluções sintomáticas encontradas pelos sujeitos diante da devastação, faz-se necessário trilhar um percurso em Freud. Ao retornarmos a Freud, tentaremos localizar se algo do gozo feminino na mulher já estaria instituído como consequência da relação de devastação entre mãe e filha.

O primeiro capítulo, intitulado "O laço pré-edípico e suas consequências", discorre acerca da relação entre mãe e filha, da fase pré-edípica ao complexo de Édipo. Freud, ao introduzir a noção de uma pré-história do complexo de Édipo feminino, percebe, cada vez mais claramente, que a problemática feminina refere-se ao vínculo primordial da menina com sua mãe e abandona de vez qualquer paralelismo entre o desenvolvimento sexual masculino e o feminino. Sendo assim, Freud assinala que não há um caminho direto para tomar o pai como objeto e que é preciso alguns mecanismos que levem a menina a abandonar a mãe e a ir em direção ao pai. Buscamos também localizar a incidência da devastação na relação entre mãe e filha, a partir da relação da criança com o Desejo da Mãe e o papel que o falo desempenha na sexualidade feminina.

Em vários pontos dos textos de Freud, é possível constatar seu embaraço diante das questões sobre o gozo e sobre a sexualidade feminina, que Freud chega a nomear de "continente negro". Mesmo situando o falo no centro da dialética da sexualidade feminina, isso significa que Freud acreditava que ele encobria o campo do gozo nas mulheres? Lacan avança nesse ponto, ao dizer que a mediação fálica não drena todo o gozo de uma mulher. O gozo feminino estaria na via do suplemento, daquilo que é não-todo subordinado à lógica do todo.

Uma vez que as mulheres estão não-todas inscritas na função fálica, ou seja, que não existe a exceção que engendra um como limite do todo, estamos diante de um infinito não-totalizado. É um não-todo indecidível, pois há algo do ser da mulher que não é significável. Como as mulheres se situam em uma parceria amorosa? Essa pergunta nos lança no Capítulo 2, que trata de verificar a incidência da devastação em sujeitos confrontados com o gozo feminino, assim como começaremos a delinear as possíveis soluções encontradas pelo sujeito feminino em relação ao vazio de significação do ser de mulher. Os textos de Freud e de Lacan fornecem o aporte teórico necessário para que possamos verificar as possíveis parcerias teorizadas por Freud até chegar às parcerias teorizadas por Lacan, que pôde, no final de seu ensino, condensá-las na parceria com o sintoma, cuja função seria suprir a falta da relação sexual.

Se o sintoma é um sofrimento sempre localizado, circunscrito, e a devastação remete a uma dor sem limites, a um estrago que se estende a tudo, buscaremos acessar no Capítulo 3, a partir do relato do passe de uma mulher analista e da escrita de Duras, como cada mulher encontra sua solução sintomática para o ponto de devastação que a assola, quer seja na relação com a mãe, quer seja na contingência do encontro com um homem, no dispositivo analítico e fora dele, na escritura.

2. O laço pré-edípico e suas consequências

2.1. A fúria do amor materno

> A mãe a fazia pensar em um monstro devastador. Tinha acabado com a paz de centenas de camponeses na planície. Tinha até mesmo desejado acabar com o Pacífico. [...] Tivera tantos infortúnios que se tornara um monstro com um encanto poderoso, e seus filhos corriam o risco, para consolá-la de seus infortúnios, de nunca deixá-la, de se dobrar às suas vontades, de se deixar devorar por ela. (DURAS, 1950/2003, p. 179-180)

O trecho acima, extraído do livro *Barragem contra o Pacífico* (1950/2003), escrito por Marguerite Duras, em 1950, narra o amor louco de uma mãe por seus filhos. Trata-se da relação de amor e ódio entre a personagem Suzanne e sua mãe. O romance se passa na Indochina francesa. A mãe de Suzanne, professora, viúva, com filhos ainda pequenos, compra terras para cultivar arroz, mas as plantações são periodicamente invadidas pelas ondas do Pacífico. A mãe empenha todas as suas economias e, com seu encanto e esperança, seduz centenas de camponeses a ajudá-la na construção de uma barragem, a qual, apesar dos esforços, sempre cedia ante a fúria do mar.

> A mãe logo adormeceu. [...] Já não podiam querê-la tão mal. Tinha amado desmesuradamente a vida, e

> fora sua esperança incansável, incurável, que fizera dela o que se tornara, uma desesperada da própria esperança. Essa esperança a tinha desgastado, destruído, esvaziado a tal ponto que seu sono, que a repousava dela, e até mesmo a morte, parecia que já não podiam ultrapassá-la. (DURAS, 1950/2003, p. 137)

Mer, em francês, quer dizer *mar*, mas também é uma palavra homofônica à palavra *mére*, que significa mãe. A mãe relaciona-se com o mar, com o oceano: nada pode contê-lo, ainda que se levante contra ele uma barragem. Essa mãe, heroína, como muitas vezes as mães o são, queria dar aos filhos uma terra indestrutível e garantir a eles total segurança, apesar de todas as contingências, como o risco da guerra, da seca e da inundação. Acreditava – e fazia seus filhos acreditarem – que, lutando, poderiam fazer reviver a terra e se vingar de todas as injustiças, da corrupção, das doenças que matavam as crianças, da fome, da miséria, da morte. Seus filhos deveriam ter a certeza de que sempre teriam comida, um teto e uma mãe. Em nome disso, a mãe de Suzanne excede, transcende e, assim como o Pacífico, atravessa a barragem, devastando tudo por onde passa.

Obra fundamental e fundante de Duras, *Barragem contra o Pacífico* (1950/2003), embora não possa ser classificada como autobiográfica, inaugura a presença de personagens e de episódios que irão se repetir em livros posteriores da autora, como as figuras da mãe e dos filhos: "Escrevi muito sobre essas pessoas da minha família, mas enquanto o fazia eles ainda estavam vivos, a mãe, os irmãos, e escrevi em torno deles, em torno dessas coisas sem chegar até elas" (DURAS, 1967/1986, p. 11). Em entrevista a Bernard Pivot[2] (1984), Duras confessa: "Eu me plagio".

[2] PIVOT, Bernard. *Apostrophes*. Antenne 2, 28 septembre, 1984.

A mãe descrita como oceano Pacífico é outra versão para a mãe que Lacan descreveu como sendo o crocodilo com a boca aberta, sempre pronto a devorar, em *O Seminário, livro 17: o avesso da psicanálise* (1969-1970/1992). Lacan afirma que, frente a esse crocodilo, há um rolo de pedra que funciona como barragem, mas que nunca chega de fato a se constituir como uma defesa à devastação materna (LACAN, 1969-1970/1992, p. 118). Duras diz: "A mãe representa a loucura. Fica sendo a pessoa mais estranha, mais louca que já encontramos, nós, seus filhos" (DURAS, 1989, p. 50).

O termo *devastação* aparece no ensino de Lacan três momentos distintos. Em *O Seminário, livro 17*, no momento em que Lacan está trabalhando o mais além do complexo de Édipo, a devastação surge ligada ao desejo da mãe, independentemente de ser a criança menino ou menina: "O desejo da mãe não é algo que se possa suportar assim, que lhes seja indiferente. Carreia sempre estragos" (LACAN, 1969-1970/1992, p. 118). Em "O Aturdito" (1972), publicado em *Outros Escritos* (2003), Lacan retorna ao tema da devastação ao dizer que a mãe, na maioria das vezes, é uma devastação para a filha, como veremos em citação mais adiante. Por fim, o terceiro momento em que Lacan faz uso do termo está presente em *O Seminário, livro 23: o sinthoma* (1975-1976/2007), em que a devastação aparece ligada à sexualidade feminina. Nesse Seminário, Lacan, inspirado pela escrita de Joyce, propõe as diversas possibilidades de amarração entre os nós borromeanos, que irão corresponder às distintas maneiras de os sexos se relacionarem entre si. Ao fazer referência à devastação ligada ao campo amoroso, Lacan afirma que: "Se uma mulher é um sinthoma para todo homem [...], o homem é para a mulher tudo o que quiserem, a saber, uma aflição pior que um sinthoma

[...]. Trata-se mesmo de uma devastação" (LACAN, 1975-1976/2007, p. 98).

Portanto, se, em *O Seminário, livro 17*, Lacan fala dos efeitos do desejo da mãe sobre os filhos em geral, em "O Aturdito", a devastação aparece na relação entre mãe e filha e, em *O Seminário 23*, entre a mulher e o homem.

O termo *devastação* – em francês, *ravage* – conserva duas direções de sentido. Ou está associado à ideia de ruína, de destruição, ou à ideia de um corpo arrebatado (*ravi*), na vertente de um êxtase, de uma felicidade suprema, que é lançado fora do tempo e do espaço. No dicionário, o sentido remete a uma destruição sem limites, a algo avassalador. Devastar é arruinar, tornar deserto; mas também pode indicar arrebatamento, deslumbramento, encantamento, para os quais o termo mais usado é *ravissement*.

No texto "Homenagem à Marguerite Duras pelo arrebatamento de Lol V. Stein" (1965), publicado em *Outros Escritos* (2003), Lacan nos faz lembrar que:

> [...] a única vantagem que um psicanalista tem o direito de tirar de sua posição [...] é a de se lembrar, com Freud, que em sua matéria o artista sempre o precede e, portanto, ele não tem que bancar o psicólogo quando o artista lhe desbrava o caminho. (LACAN, 1965/2003, p. 200)

Assim, para Lacan, não se trata de dar uma significação feminina a esses escritos, mas de lançar um olhar atento para as questões que aparecem em relação ao feminino e ao modo de relação do sujeito com a escrita. A psicanálise se interroga não mais sobre o autor, mas sobre o sujeito e a obra em si. No caso específico desta pesquisa, tomamos o tema da devastação como relevante para tentar avançar em alguns pontos que permanecem obscuros com relação à sexualidade feminina. Nesse sentido, o escritor e sua escrita nos causariam o desejo, provocar-nos-iam angústia, estranheza, prazer ou horror. Basta, então, que nos deixemos percorrer os caminhos desbravados pelos artistas.

Para Duras, a escrita teve o efeito de uma barragem construída contra o Pacífico do amor materno, revestido de uma proteção infernal sempre que a mãe se sentia ameaçada. A força cega de sobrevivência dessa mãe ao perigo sempre iminente parece ter tido uma atração poderosa sobre Duras. Em relação ao romance *Barragem contra o Pacífico*, "pode-se mesmo dizer que se trata de uma obra metafórica, uma vez que a autora antecipa, na história das barragens destruídas e reconstruídas, o que viria a ser trajetória de Duras como escritora: escrever e reescrever" (Silva, 2004, p. 44). Essa insistência, vale dizer, estabelece-se à revelia da autora, o que a leva a afirmar, na entrevista a Bernard Pivot (1984), que "a escrita é a única coisa que é mais forte do que minha mãe".

> Escrever.
> Não posso. Ninguém pode.
> É preciso dizer: não se pode
> E se escreve. (Duras, 1993/2010, p. 55)

Afinal, o que é a devastação no sentido da psicanálise?

Lacan utiliza o termo *devastação* no texto "O Aturdito" (1972), publicado em *Outros escritos* (2003), para afirmar que a menina parece esperar algo da mãe que não se situe inteiramente sob o signo da castração, ou seja, que não se situe sob o significante do falo. Segundo ele:

> Por essa razão, a elucubração freudiana do complexo de Édipo, que faz da mulher peixe na água, pela castração ser nela ponto de partida (Freud *dixit*), contrasta dolorosamente com a realidade de devastação

> que constitui, na mulher, em sua maioria, a relação com sua mãe, de quem, como mulher, ela realmente parece esperar mais substância que do pai – o que não combina com ele ser segundo, nessa devastação. (LACAN, 1972/2003, p. 465)

O texto "O Aturdito" (1972/2003) é contemporâneo às elaborações de Lacan sobre as fórmulas da sexuação e o gozo feminino. Ali, onde se poderia encontrar a referência de um homem devastador para uma mulher, o que se descobre é a referência ao Édipo freudiano. Ao mesmo tempo que Freud considera que "a mulher, no Édipo, se move como peixe n'água", isto é, em seu ambiente natural, Lacan afirma que isso "contrasta dolorosamente" com a referência de que, para "a maioria das mulheres, a relação com a mãe é devastadora". É da relação com a mãe enquanto mulher que a filha espera encontrar algo com mais "substância", algo que esteja para além do falo. Ou seja, a sexualidade feminina implica, necessariamente, diferenciar mãe e mulher.

A fim de se esclarecer a noção de devastação formulada por Lacan, a partir de sua elaboração das fórmulas da sexuação e do gozo feminino, bem como as soluções sintomáticas encontradas pelo sujeito diante da devastação, é necessário fazer um percurso por Freud e por suas formulações que antecedem essa noção. Ao fazermos essa leitura retroativa da obra de Freud, buscamos investigar as implicações subjetivas da relação entre mãe e filha e suas repercussões para a sexualidade feminina, além de verificar se a vertente da devastação presente no gozo feminino, o qual pode ainda se apresentar de variadas formas, já estaria instituída como consequência da relação entre mãe e filha.

Em Freud (1931/1976), a mãe é definida como um Outro onipotente ao qual a menina está inexoravelmente ligada em seu laço pré-edípico. Em Lacan (1972/2003), vemos que a relação com a mãe pode ser devastadora para a maioria das mulheres. Cabe aqui precisar a utilização dos termos empregados por Lacan nessa citação: ele não diz que para todas as mulheres a relação com a mãe pode ser devastadora, e sim para a "maioria" delas. É como Duras nos conta, em outro romance de sua autoria, intitulado *O amante* (1986), narrado sempre em primeira pessoa, em que a mãe é descrita como um Outro íntimo e estrangeiro que lhe determina e do qual é preciso se separar. Mas como?

> [...] em minha infância, a infelicidade de minha mãe ocupou o lugar de um sonho [...], sempre ela, só ela, fosse a mãe esfolada viva pela miséria ou a mãe descontrolada que pregava no deserto. (Duras, 1986, p.52)
>
> [...] Nossa mãe não podia prever o que seríamos a partir do espetáculo de seu desespero. (Duras, 1967/1986, p. 62)

Desde muito cedo, Freud queixou-se da obscuridade que envolvia a sexualidade feminina e, muitas vezes, presumiu que a vida sexual das mulheres podia ser tomada como análoga à dos homens. Assim, em os "Três Ensaios sobre a Teoria da Sexualidade" (1905/1976), escreveu que somente a vida sexual do homem se tornou acessível à investigação, enquanto a da mulher permaneceu envolta em uma obscuridade ainda impenetrável (Freud, 1905/1976, p. 142). Muitos anos mais tarde, em seu texto sobre "A questão da análise leiga" (1926), ele reafirma que "a vida sexual das mulheres adultas é um 'continente negro' para a psicologia" (Freud, 1926/1976, p. 242).

Se a obscuridade da vida sexual das mulheres levou Freud, durante muito tempo, a considerar que haveria uma equivalência entre o Édipo no menino e na menina, em seu artigo "Algumas consequências psíquicas da distinção anatômica entre os sexos" (1925), ele começa a desvendar o enigma do feminino a partir da diferença psíquica que se estabelece entre a menina e o menino, no que se refere ao complexo de Édipo. A partir da escrita desse texto, o que antes era descrito como análogo nos dois sexos – o fato de que o menino toma a mãe como objeto de amor e rivaliza com o pai e a menina, simetricamente, tem uma ligação afetuosa com o pai e rivaliza com a mãe – ganha toda uma especificidade. Ambos são tratados, masculino e feminino, como posições subjetivas, em contrapartida à realidade da definição biológica que diferencia o homem da mulher, e o que se evidencia é apenas o sexo fálico.

A insatisfação de Freud quanto à existência de um paralelo completo entre os dois sexos já havia sido anunciada em seu texto de 1915, "Um caso de paranóia que contraria a teoria psicanalítica", cuja essência centra-se na relação da paciente com sua mãe e, posteriormente, em seu texto sobre um caso de homossexualidade feminina, "A psicogênese de um caso de homossexualismo numa mulher" (1920/1976), do qual o mesmo também poderia ser dito. A indicação de Freud com relação à preexistência de um "complexo materno" muito intenso que operaria desde a infância antecipa a relação primordial com a mãe que seria enunciada em seu artigo "Algumas consequências psíquicas da distinção anatômica entre os sexos" (1925/1976), ampliada nos trabalhos posteriores sobre a "Sexualidade feminina" (1931/1976) e "A feminilidade" (1933/1976), na Conferência 23.

Certas peculiaridades acerca da sexualidade feminina já haviam sido articuladas muito precocemente por Freud em seus "Três ensaios sobre a teoria da sexualidade" (1905/1976), em que ele evidenciou o caráter masculino da sexualidade da menina, como o fato de que uma onda de recalque na puberdade seria exigida para que o clitóris cedesse lugar à vagina, como expressão da passagem da masculinidade à feminilidade. A menina, ao se transformar em mulher, muda a zona erógena dominante para a sua atividade sexual posterior, ao passo que o homem conserva a dele desde a infância (Freud, 1905/1976, p. 208).

Qual teria sido o fator que motivou Freud a abandonar o processo do recalque na puberdade como fundamento determinante para impelir a menina a assumir uma nova posição, a mudar tanto de objeto como de zona erógena e a ingressar no complexo de Édipo?

Foram as teorias concernentes à dissolução do complexo de Édipo, sobretudo à inveja do pênis, juntamente com novas observações clínicas, que abriram o caminho para Freud investigar a intensidade e a duração da fase pré-edípica na menina e marcar as diferenças entre os complexos de castração e de Édipo, bem como a diferença ulterior na construção do supereu em cada um dos sexos. As consequências dessa perspectiva só seriam extraídas muito anos depois.

A dupla mudança exigida no caso da menina, que consiste na tarefa de abandonar a mãe, seu objeto original de amor e de identificação, em favor do pai, além da modificação de sua principal zona erógena, abre o caminho para uma investigação da fase pré-edípica da menina. Em "Sexualidade feminina" (1931/1976), Freud afirma que ainda não estava clara a maneira pela qual essas duas tarefas estariam vinculadas no caso das meninas. Para elas, haveria uma maior dificuldade na resolução do complexo de Édipo do que para os meninos, o que confirma a linha de pensamento que Freud já vinha enfatizando desde seu texto de 1924, "A dissolução do Complexo de Édipo": O Édipo, na menina, "por alguma razão incompreensível, torna-se muito mais obscuro e cheio de lacunas" do que no menino (Freud, 1924/1976, p. 222).

Serge André, em seu livro intitulado *O que quer uma mulher?* (1991), afirma que Freud, ao introduzir a noção de uma pré-história do complexo de Édipo feminino, constata cada vez mais claramente que a problemática feminina "não é, no fundo, outra coisa, senão o retorno inelutável da relação antiga com a mãe" (André, 1991, p. 179). Sendo assim, Freud abandona de vez qualquer paralelismo entre o desenvolvimento sexual masculino e o feminino.

Descobrir que a mãe é o primeiro objeto de amor da menina, e não o pai, dá um sentido novo a todas as formulações anteriores feitas por Freud com relação à sexualidade feminina. Fica claro para ele que a complexidade da constituição subjetiva da menina se deve à particularidade de sua relação com a mãe.

Um dos desdobramentos da relação pré-edípica entre uma menina e sua mãe é a imensa dificuldade da filha para se separar da mãe e seguir seu próprio destino de mulher. Para Freud (1931/1976), o vínculo mãe-filha seria tão intenso que, na maioria das vezes, definiria as diretrizes das relações amorosas na vida adulta da menina (Freud, 1931/1976, p. 260).

Assim, o fundamento da questão de Freud a respeito da mulher passa a ser: se a mãe revela-se como primeiro objeto de amor tanto da menina como do menino, por que é mais difícil para a filha se separar da mãe do que o é para o filho? Como a menina encontra o caminho para o pai? Como e quando a menina se separa da mãe? Quais os mecanismos que levam a menina a abandonar a mãe e a ir em direção ao pai? (Freud, 1931/1976).

Essas questões permitiram a Freud chegar a algumas conclusões capazes de elucidar exatamente a pré-história da relação edipiana nas meninas.

A menina, tal como o menino, elege a mãe como primeiro objeto de amor. Isso quer dizer que, para Freud

(1925/1976), a menina relacionar-se-ia com a mãe a partir de uma posição inicialmente masculina. Para que ela possa, então, aceder à posição feminina, é necessário que algo aconteça.

Primeiramente, Freud analisa o que leva tanto o menino quanto a menina a renunciarem à mãe como objeto de amor. Depois, estabelece as diferenças entre o processo de separação da mãe em cada um dos sexos. Para tanto, recorre à distinção, estabelecida desde os seus "Três ensaios sobre uma teoria da sexualidade" (1905/1976), entre duas variáveis que regem a constituição psíquica dos sexos masculino e feminino, respectivamente: a ameaça de castração e a inveja do pênis.

A observação da zona genital feminina torna-se importante para os meninos somente mais tarde, quando são tomados por alguma ameaça de castração. Já a menina decepciona-se no instante em que vê o pênis de seu irmão ou de seu coleguinha e o compara a seu clitóris, tão pequeno e escondido. Ela viu, sabe que não tem, quer tê-lo e cai vítima da inveja do pênis. Para Freud (1925/1976), aqui se estabelecem grandes dificuldades no caminho do desenvolvimento regular da feminilidade. A esperança de obter um pênis e de se tornar semelhante a um homem pode persistir até a idade adulta.

A noção de *Penisneid*[3] funciona como um elemento fundamental para que a menina possa desprender-se da demanda dirigida à mãe e tomar outra direção. Freud observa quatro consequências psíquicas decorrentes dessa posição reivindicativa (Freud, 1925/1976, p. 315-317):

1. A cicatriz, que é a ferida do narcisismo feminino, interpretada por um sentimento de inferioridade, de menos-valia.

[3] O termo *Penisneid* está presente na obra de Freud desde 1908, em seu texto "Sobre as teorias sexuais das crianças" (1908/1976).

2. O ciúme feminino, que é a marca do fantasma – marca da qual Freud se serve para fazer uma referência ao texto "Uma criança é espancada" (Freud, 1919/1976, p. 226). Nesse texto, ele atribui o fantasma "uma criança é espancada" a uma relíquia da fase fálica nas meninas, relíquia através da qual o sujeito faz uma passagem da mãe para o pai como objeto de amor.

3. O afrouxamento da ligação terna à mãe, enquanto objeto. É dele que deriva o sentimento de ódio que a menina passa a nutrir pela mãe, situando-a como a responsável por não lhe ter dado o pênis; ela reage às manifestações da insatisfação materna, tanto quanto à insuportável privação.

E, por fim, a consequência psíquica mais importante de todas:

4. A intensa reação contra a masturbação clitoridiana, vivida como "sentimento narcísico de humilhação ligado à inveja do pênis" (Freud, 1925/1976, p. 317-318). Esse ponto conduz ao recalque da sexualidade masculina e ao desenvolvimento da feminilidade.

Freud nos adverte que todos esses fatores – as desfeitas, os desapontamentos no amor, o ciúme, a sedução seguida da proibição – também estão atuantes na relação do menino com a mãe, mas, ainda assim, "não são capazes de afastá-lo do objeto materno" (Freud, 1933/1976, p. 153). A descoberta da castração, que ocorre quando a menina subjetiva que a mãe não pode lhe dar o que ela pede porque a própria mãe, por ser mulher, também está afetada pela falta fálica, é um ponto de virada no desenvolvimento da menina.

É interessante notar que Freud afirma, em seu artigo "Algumas consequências psíquicas da distinção anatômica entre os sexos" (1925/1976), que, até esse ponto, o complexo de Édipo não desempenha qualquer papel no desenvolvimento da sexualidade feminina. Trata-se, até então, de uma relação exclusiva com a mãe, com total exclusão da figura paterna.

A partir da compreensão da pré-história do complexo de Édipo, Freud pôde concluir que, nas meninas, o complexo de Édipo é uma formação secundária ao complexo de castração. Para Freud, o menino e a menina assumem sua identificação sexual a partir da relação que cada um dos sexos possui com a castração. É diante da ameaça edipiana de castração que o menino desiste do investimento erótico na mãe e se identifica ao pai como portador do falo, ou seja, é o complexo de castração que possibilita a saída do menino do Édipo. Já a menina, entra no Édipo pelo complexo de castração. Ao descobrir que ela não tem o falo, ou seja, que é castrada, busca um substituto para o falo no amor ao pai.

O desejo com que a menina se volta para o pai é, originalmente, desejo de obter o pênis, que, posteriormente, é substituído pelo desejo de ter um filho do pai e, depois, de outro homem, de acordo com a equivalência simbólica entre pênis e filho. "A menina transformou-se em uma pequena mulher" (Freud, 1925/1976, p. 318). Ela aceita a falta, em vez de renegá-la, e atinge, assim, a verdadeira feminilidade. Outras duas possibilidades se abrem a partir do fracasso e do abandono da ligação da menina com o pai. Na primeira, a menina recusa sua sexualidade, priva-se da atividade fálica, por influência do *Penisneid*, e rechaça seu amor pela mãe (posição histérica). Na segunda possibilidade, a menina retorna ao complexo de masculinidade, ou seja, à ligação anterior com a mãe e, talvez, permaneça fixada nela (posição homossexual).

Nos dois modos básicos de responder à própria falta e à da mãe, ambos de inspiração viril, Freud localiza a permanência de um resto do amor pela mãe idealmente fálica. Ao constatar a castração da mãe e encarar-se como castrada, a menina não só responsabilizará a mãe pela ausência do falo, mas também se decepcionará com relação ao amor que destinou a ela, enquanto ser fálico – um amor que pode se tornar tanto mais sólido quanto mais ele alimente o narcisismo ferido da filha de não mais poder satisfazer a mãe. Freud explica que a intensidade desse ódio depende da intensidade do amor e da decepção que o precedeu.

Trata-se, portanto, de uma castração já efetuada, irreparável. O efeito produzido não é a angústia pela ameaça de castração, como acontece com os meninos, mas a hostilidade pela sua execução.

O reconhecimento do "desejo de pênis, como um desejo feminino por excelência" (Freud, 1933/1976, p. 158), nomeado por Freud como um ponto incontornável na análise de uma mulher, será retomado por Lacan, ao assinalar que a relação subjetiva na mulher "é essencialmente problemática, e até certo ponto inassimilável" (Lacan, 1955-1956/1988, p. 204).

> Não há, propriamente, diremos nós, simbolização do sexo da mulher como tal. Em todo o caso, a simbolização não é a mesma, não tem a mesma fonte, não tem o mesmo modo de acesso que a simbolização do sexo do homem. E isso, porque o imaginário fornece apenas uma ausência, ali onde alhures há um símbolo muito prevalente. (LACAN, 1955-1956/1988, p. 201)

O que Lacan quer dizer é que, uma vez introduzida na histeria, ao interrogar "o que é uma mulher", a mulher identifica-se ao pai, como meio de se aproximar daquilo que lhe escapa, ou seja, da impossibilidade de simbolizar o órgão feminino como tal. O pênis lhe serve literalmente de instrumento imaginário para apreender o que ela não consegue simbolizar. Para Lacan, "tornar-se mulher e interrogar o que é uma mulher são duas coisas essencialmente diferentes" (Lacan, 1955-1956/1988, p. 204). A histeria seria, portanto, uma posição essencialmente problemática, e até certo ponto inassimilável à "realização subjetiva na mulher" (Lacan, 1955-1956/1988, p. 204). Tal aspecto será retomado posteriormente, quando abordaremos o sexo feminino a partir da "característica de ausência, de vazio, de buraco" (Lacan, 1955-1956/1988, p. 202), de algo que não se inscreve no simbólico. A devastação que uma mãe pode representar para uma filha é um modo de manifestação desse real inassimilável da posição feminina.

Contudo, é principalmente com relação à constituição do supereu que Freud indica haver um destino diferente para homens e mulheres, já que as mulheres não têm a mesma inscrição que os homens no complexo de Édipo. Freud faz uma referência a isso em seu texto sobre a "Dissolução do Complexo de Édipo" (1924/1976), dizendo que, nos meninos, o complexo não é simplesmente recalcado, mas feito em pedaços pelo choque da castração ameaçada. "Suas catexias libidinais são abandonadas, dessexualizadas e, em parte, sublimadas; seus objetos são incorporados ao eu, onde formam o núcleo do supereu, que se torna herdeiro do complexo de Édipo" (Freud, 1925/1976, p. 318-319).

Nas meninas, falta motivo para a demolição do complexo de Édipo. A ineficácia da castração como ameaça pendente faz com que elas não cheguem a produzir a completa incorporação dos objetos parentais. Consequentemente, seu supereu é questionado, pois não é tão inexorável, tão impessoal, tão independente de suas origens emocionais como nos homens.

> Os traços de caráter que críticos de todas as espécies erigiram contra as mulheres – que demonstram

> menor senso de justiça que os homens, que estão menos aptas a submeter-se a grandes exigências da vida, que são mais influenciadas em seus julgamentos por sentimentos de afeição ou hostilidade – todos eles seriam amplamente explicados pela modificação na formação do supereu. (Freud, 1925/1976, p. 320)

Freud retoma esse tema em "O mal-estar na civilização" (1930/1976), quando apresenta a figura da mulher como um ser que tem menos senso de justiça que o homem e menor inclinação a se submeter às grandes necessidades da vida, deixando-se guiar em suas decisões por sentimentos ternos ou hostis.

Porém, quando Freud nos adverte que, "para as meninas, a situação edipiana é o resultado de uma evolução longa e difícil, uma espécie de solução preliminar, uma posição de repouso que não é logo abandonada [...]" (Freud, 1933/1976, p. 158), será que poderíamos considerar essa afirmação como indicativo de que as tormentas do supereu estão muito mais localizadas pela via materna do que pela paterna? "A presença de um complexo materno que, em geral, é superpoderoso e por certo não dominado", segundo Freud (Freud, 1915/1976, p. 302), será reiterada por Melaine Klein (1987) com a noção de um supereu materno particularmente rigoroso e cruel. "Este supereu, excessivamente cruel e arrasador, tem sua gênese nas primeiras introjeções orais de objeto e, como figura ameaçadora e despótica, emite ordens insensatas que o eu não pode cumprir" (Klein *apud* Gerez-Ambertín, 2009, p. 226).

Como vimos anteriormente, a menina vinha vivendo, até então, de modo masculino, no que diz respeito a seus desejos sexuais ativos e dirigidos à mãe e, "devido à influência de sua inveja do pênis, ela perde o prazer que obtinha da sua sexualidade fálica" (Freud, 1933/1976, p. 155). O reconhecimento da distinção anatômica entre os sexos força a menina, logo aos primeiros sinais de inveja do pênis, a se afastar da masculinidade e da masturbação masculina, para novas linhas que conduzem ao desenvolvimento da feminilidade (Freud, 1933/1976, p. 155). A menina se volta para o pai, caminho que dá acesso à feminilidade.

Freud nomeou de catástrofe a impossibilidade de a filha separar-se da mãe. Em alemão, o termo utilizado por ele, *Umsturz*,[4] conserva um sentido análogo ao termo *devastação*, utilizado por Lacan para designar a natureza da relação da maioria das mulheres com sua mãe: "A transição para o objeto paterno é realizada com o auxílio das tendências passivas, na medida em que escaparam à catástrofe" (Freud, 1931/1976, p. 275). O que Freud quer dizer é que a catástrofe na relação entre mãe e filha dar-se-ia na medida em que a filha não consegue se separar da mãe.

O pai, que parece ocupar o lugar principal como objeto de amor da menina, revela-se, na realidade, um "segundo" nessa transferência de amor. O amor e o desejo voltados inicialmente para a mãe são transferidos com a mesma intensidade

[4] Segundo a tradução feita por Gustavo Rodrigues Borges de Araújo, o termo *Umsturz* é composto pelo verbo *stürzen*, que tem vários significados: cair, desabar, irromper, arremessar, derrubar, lançar-se, mergulhar. *Sturz* é um substantivo que significa: *queda, baixa, ruína, desabamento. O prefixo Um sugere a ideia de: ao redor, em torno de, em volta. "O desabamento em torno de". A citação de Freud em alemão é a seguinte: Der Übergang zum Vaterobjekt wird mit Hilfe der passiven Strebungen vollzogen, soweit diese dem Umsturz entgangen sind.*

Gustavo Araújo localizou uma tradução que sugere a palavra eversão, em vez de catástrofe. As tendências passivas devem emergir para que haja a passagem para o pai, isto é, elas tomam o lugar das tendências ativas que estavam vigentes em relação à mãe. Portanto, as tendências ativas não são inteiramente abandonadas – a ruína que sobra dessa ligação também é importante. A "eversão" em questão é a própria subversão que mantinha a ligação da menina com a mãe. São ligações e metas diferentes que ela espera da mãe e do pai.

para o pai. Para ascender à feminilidade, é preciso passar não somente da mãe para o pai, mas pelo pai. Diante da impossibilidade do pai de separá-la totalmente da mãe e em razão de o pai não lhe ter dado o que ela esperava, justificam-se as queixas da filha à inadequação do pai.

O que muda radicalmente na perspectiva freudiana a respeito da sexualidade feminina, tal como expresso no texto "Algumas consequências psíquicas da distinção anatômica entre os sexos" (1925/1976), é o fato de que a resolução da inveja de pênis (naquilo que é passível de ser resolvido, pois que sempre existe um resto da inveja do pênis no inconsciente feminino) passa pelo complexo de Édipo e não pode ser considerada fora dele, isoladamente. Não é a ameaça de castração que leva a menina a resolver seu Édipo. Castrada (imaginariamente) ela já é, diz Freud. É só no contexto do complexo de Édipo, na relação primeiramente com a mãe e, depois, com o pai, que se revela o verdadeiro sentido da inveja do pênis na mulher.

A catástrofe de Duras, por exemplo, acontece quando ela não consegue se livrar da invasão elementar e implacável das ondas do Pacífico, a fim de constituir seu próprio destino separado de sua mãe. Tal como aparece em *Barragem contra o Pacífico*, nos dizeres de Suzanne, personagem que representa Duras: "[...] Era preciso, antes de tudo, se libertar da mãe" (Duras, 1950/2003, p. 179). Para Duras, o "tornar-se mulher" só foi possível quando ele se converteu em "tornar-se escritora". Foi a escrita que possibilitou a Duras a separação com relação à mãe.

Partindo da premissa de que, mesmo nos casos em que a menina faz a transferência de amor da mãe para o pai, essa passagem não se dá de maneira completa, pois permanece sempre um resto que nunca será superado, pergunta-se: como cada mulher encontra a sua solução singular, no dispositivo analítico ou fora dele, para um saber-fazer *(savoir y faire)* com esse resto? Que resto é esse que permanece? (Freud, 1933/1976, p. 158).

2.2. O falo: presença de uma ausência

A descoberta de que o sexo não é um fenômeno natural e, sim, resultado de um processo de subjetivação, torna-se um marco extremamente significativo na teoria freudiana sobre a sexualidade. A sexualidade passa a ser subordinada a uma lei simbólica. Embora a anatomia tenha seu peso e a referência ao corpo seja inevitável, ela, por si só, não é suficiente para determinar a constituição do ser sexuado do sujeito. O falo é o que instaura no campo subjetivo a possibilidade de cada um se identificar ao tipo ideal de seu sexo.

Constatamos que a sexualidade feminina constitui-se a partir da falta fálica. Em seu artigo "A organização genital infantil (Uma interpolação na teoria da sexualidade)" (1923), Freud afirma que, "para ambos os sexos, entra em consideração apenas um órgão genital, o masculino. O que está presente, portanto, não é uma primazia dos órgãos genitais, mas uma primazia do falo" (Freud, 1923/1976, p. 180). No texto freudiano, o falo é resultante da subjetivação do que se apreende ao ver no corpo do semelhante a presença ou a ausência do pênis. Ao introduzir o falo como referente capaz de gerar duas significações em termos de castração – ter o falo e não ter o falo –, ele se distingue do órgão real que lhe serve de suporte e se revela como símbolo.

Como se dá a passagem da vertente imaginária do pênis, ligada ou não à sua existência, ao pênis simbolizado como falo, como ponto central da sexualidade do ser falante, seja ele homem ou mulher?

Embora o pênis constitua apenas um suporte imaginário para o falo, ele é bastante consistente, a ponto de fazer com que o homem tenha um representante de seu sexo no inconsciente e possa subjetivar o sexo com "eu tenho". E a mulher? Como incluí-la na lógica fálica?

Para Freud, se, nos homens, o falo revela-se pela vertente da presença, no caso das mulheres, falta um referente da especificidade feminina, já que a vagina não tem o mesmo valor como suporte imaginário de um possível representante do sexo feminino no inconsciente. Falta a esse órgão anatômico, a vagina, a possibilidade de estabelecer uma relação de presença/ausência. A consequência dessa falta é o aparecimento do símbolo. O falo apresenta-se, então, nas mulheres, pela vertente da "ausência", apenas encoberto. Freud afirma, em seu artigo sobre a "Organização genital infantil" (1923), que "os órgãos genitais femininos jamais parecem ser descobertos" (Freud, 1923/1976, p. 183-184).

Ao afirmar que o fato de mencionar que alguma coisa não está ali é supor sua presença, Freud já nos indica que a mulher tem alguma relação com o falo. Essa foi a forma encontrada por ele para dizer que, em se tratando da mulher, há algo que não pode ser dito.

Lacan (1958) retoma essa discussão freudiana sobre "ter ou não ter o falo" e propõe o falo como um significante privilegiado que indica a junção entre sexualidade e linguagem.

A primeira versão do falo é a significação fálica, tal como produzida pela metáfora paterna; a segunda é o significante fálico; e a terceira é a lógica do falo, que permitiu a Lacan a escrita das fórmulas da sexuação. Ao substituir o significante freudiano *sexualidade* por *sexuação*, Lacan, em *O Seminário, livro 20: mais, ainda* (1972-1973/2008) estabelece a divisão homem/mulher entre um lado todo fálico e um lado não-todo fálico, de acordo com o modo de gozo de cada ser falante na relação com o Outro sexo. O falo, definido até então como significante da negatividade, da castração do sujeito, toma um valor positivo: o gozo fálico. Nesta pesquisa, tais versões do falo não aparecem necessariamente nessa ordem.

Em "A Significação do Falo" (1958/1998), Lacan distingue radicalmente o falo "do órgão, pênis ou clitóris, que ele simboliza" (Lacan, 1958/1998, p. 696) para, em seguida, afastar-se de Freud e estabelecer sua própria formulação: "o falo é um significante, um significante cuja função, na economia intra-subjetiva da análise, levanta, quem sabe, o véu daquela que ele mantinha envolta nos mistérios" (Lacan, 1958/1998, p. 697). A essa formulação do falo, Lacan acrescenta uma nova dimensão: o falo "é o significante destinado a designar, em seu conjunto, os efeitos de significado, na medida em que o significante os condiciona por sua presença de significante" (Lacan, 1958/1998, p. 697). A dita "presença" a que Lacan se refere remete à presença da diferença sexual que afeta um corpo que já não é o corpo biológico, mas um corpo atravessado pelo significante que inaugura uma nova dimensão da condição humana, na medida em que não somente o homem fala, mas em que, no homem e através do homem, isso fala, e os efeitos da linguagem se sobrepõem à natureza (Lacan, 1958/1998, p. 695). Com isso, Lacan indica que é no campo da linguagem, a partir do significante fálico, que os seres falantes podem subjetivar o seu sexo.

Lacan (1958/1998) aponta que as relações entre os sexos girarão ao redor de um ser e de um ter, que, por se reportarem a um significante, o falo, produzem efeitos contrários de, por um lado, dar realidade ao sujeito nesse significante, já que os seres falantes podem subjetivar o sexo de cada um a partir do significante fálico, e, por outro lado, de irrealizar as relações a serem significadas (Lacan, 1958/1998, p. 701).

Então, como fazem os seres falantes, homens ou mulheres, para compensar essa irrealização que, paradoxalmente, oferece-lhes um pouco de realidade enquanto sujeitos sexuados?

Para ambos os sexos, serão duas as possibilidades com relação ao significante do falo: sê-lo ou tê-lo. Entre os dois, uma linha de demarcação: não se pode tê-lo e sê-lo ao mesmo tempo. No intervalo entre a identificação significante e a repartição de papéis, a assunção da castração. Para o homem, ele não é sem tê-lo. Para a mulher, ela é sem tê-lo. Desse modo, Lacan (1958/1998) substitui o "não ter o falo", proposto por Freud em "A organização genital infantil" (1923/1976), por "ser o falo", do lado das mulheres. "*Ser* ao invés de *não ter* é a metáfora fálica da mulher" (Miller, 2005, p. 154).

A partir da diferença com a qual homens e mulheres submetem-se à lógica fálica, Lacan constata o modo desigual como cada um deles entra na "comédia dos sexos" (Lacan, 1958/1998, p. 701). Do lado do homem, conforme já foi visto na teoria freudiana, eles se põem ao lado do ter. Porém, Lacan esclarece: é "um parecer que substitui o ter, para, de um lado, protegê-lo e, de outro, mascarar sua falta no outro, e que tem como efeito projetar inteiramente as manifestações típicas de cada um dos sexos", já que não é possível ser homem e mulher no sentido biológico (Lacan, 1958/1998, p. 701).

Por mais paradoxal que possa parecer, uma das saídas da mulher para dissimular de maneira enganosa sua falta fálica é rejeitando "uma parcela essencial da feminilidade, notadamente todos os seus atributos na mascarada" (Lacan, 1958/1998, p. 701). Joan Rivière apresenta a mascarada em seu texto intitulado "A feminilidade como máscara" (1929/1999), a partir de um caso clínico atendido por ela, no qual uma mulher, mesmo tendo êxito em suas qualidades intelectuais e na vida prática, consagrava-se no jogo de sedução com os homens com uma atitude modesta e evasiva em relação às suas qualidades. Ao mesmo tempo que implica um *saber-fazer* (*savoir y faire*) com a falta, a mascarada empurra a mulher para o campo da significação fálica, propiciando seu afastamento da feminilidade, uma vez que *A* mulher é irrepresentável no simbólico. "É pelo que ela não é que ela pretende ser desejada, ao mesmo tempo que amada" (Lacan, 1958/1998, p. 701).

Segundo Bessa (2010), é aí que se apresenta toda a dificuldade para o sujeito feminino. A mascarada, por mais que se vista desse valor fálico para um homem, por mais que encontre o significante de seu próprio desejo, o falo, naquele para quem sua demanda é endereçada, não conseguirá, com isso, responder à sua posição feminina. É nesse sentido que a reivindicação fálica, segundo Brousse, em seu texto intitulado "Uma dificuldade na análise das mulheres: a devastação da relação com a mãe" (2004), pode retornar para uma mulher como devastação. Além disso, com relação aos destinos da sexualidade feminina indicados por Freud – a inibição, o complexo de masculinidade, que comporta tanto a histeria quanto a homossexualidade, e a maternidade, que Freud associa à feminilidade – adiantaremos que o falo não responde a nenhuma dessas soluções, em razão da falta estrutural de um significante no campo da linguagem capaz de definir o que seja *A* Mulher.

Laurent, no livro intitulado *A psicanálise e a escolha das mulheres* (2012), afirma que, mesmo que uma mulher consinta em assumir valor fálico para um homem, é necessário que ela não tenha aderência a essa identificação imaginária, ou seja, que ela não acredite que será através desse semblante que irá realizar sua posição feminina. No campo simbólico, isso significa fazer-se Outro para um homem, sem, contudo, identificar-se imaginariamente ao falo. É nisso que consiste o "saber operar com o nada" (Laurent, 2012, p. 108).

Em *O Seminário, livro 20*, Lacan escreve as fórmulas da sexuação em um quadro, no qual explicita a diferença sexual a partir da lógica, fazendo do falo uma função e mostrando como homens e mulheres cumprem ou não a função fálica sem recorrer às identificações edípicas. Os sujeitos que se posicionam do lado do homem estão confrontados com uma exceção, que, por sua vez, possibilita um conjunto fechado. Isso quer dizer que todos aqueles que ali se encontram estão inscritos na lógica fálica.

Do lado da mulher, isso não é possível. Elas não estão confrontadas a uma exceção e, sim, a uma inexistência. Consequentemente, não se pode constituir o conjunto de todas as mulheres. Lacan, ao explicar o modo peculiar de constituição psíquica da mulher e a especificidade da condição feminina, subverte a concepção freudiana segundo a qual a mulher é afetada pela incompletude. Ao situá-la em relação à função fálica, Lacan ressalva que a mulher não está fora da função fálica, mas também não está toda nela. Miller, em "A lógica na direção da cura psicanalítica" (1994), esclarece que o não-todo lacaniano é um não-todo indecidível. Os sujeitos inscritos nesse conjunto possuem e não possuem referência fálica. A consequência disso é que a lógica do não-todo se caracteriza pelo ilimitado. "Isso responde à posição feminina, elas não são todas ou ainda nenhuma é toda" (Miller, 1994, p. 75). Portanto, ao se localizar do lado mulher das fórmulas da sexuação, o sujeito feminino pode se inscrever pelo viés de um gozo "sobre o qual talvez ela mesma não saiba nada, a não ser que o experimenta" (Lacan, 1972-1973/2008, p. 80). Tais conceitos serão trabalhados mais detalhadamente no segundo capítulo.

Para Lacan (1957-1958), a dimensão da espera caracteriza o ser feminino. Uma vez localizada a castração, o falo torna-se propriedade de quem o possui e, desde então, é tomado como objeto de amor. A mulher espera efetivamente que o homem lhe dê uma criança (falo). É uma saída pela via da identificação, que permite à mulher efetuar a equação simbólica (pênis=bebê).

> Esta espera daquilo que, a partir de então, constitui para ela apenas o que lhe deve ser dado, vai colocá-la numa dependência muito particular, que faz nascer paradoxalmente, em um dado momento [...], fixações propriamente narcísicas. Ela é, de fato, o ser mais intolerante a certa frustração. (LACAN, 1956-1957, p. 208)

Parece-nos oportuno retomar a citação de Lacan em "O Aturdido" (1972/2003), na qual ele apresenta outra dimensão da espera. Segundo Lacan:

> Por essa razão, a elucubração freudiana do complexo de Édipo, que faz da mulher peixe na água, pela castração ser nela ponto de partida (Freud *dixit*), contrasta dolorosamente com a realidade de devastação que constitui, na mulher, em sua maioria, a relação com sua mãe, de quem, como mulher, ela realmente parece esperar mais substância que do pai – o que não combina com ele ser segundo, nessa devastação. (LACAN, 1972/2003, p. 465)

Lacan critica a afirmação de Freud segundo a qual a mulher estaria mais à vontade na relação edipiana com o pai e, uma vez tendo constatado a castração, refugia-se no Édipo para dele não mais sair. Contrariamente a Freud, Lacan afirma que a castração não somente é essencial para as mulheres, como é justamente da relação com a mãe – enquanto mulher – que a filha parece esperar mais substância.

Se a primeira espera situa-se na dimensão da figura paterna e de uma equivalência fálica (pênis=bebê), a segunda dimensão da espera surge em relação à mãe, uma vez que a menina não encontra uma resposta sobre o seu ser mulher por meio do falo. Que substância a mais a menina espera que sua mãe lhe dê, enquanto mulher?

No Dicionário Aurélio, o termo *substância* comporta, dentre outros, o seguinte significado: "o que é da natureza de um corpo, aquilo que lhe define as qualidades materiais; aquilo que existe por si mesmo, sem supor outro ser de que seja atribuído". Em filosofia, substância é um termo de uso corrente. Já na psicanálise, não é tão frequente assim.

Em *O Seminário, livro 20*, Lacan evoca a "Ética a Nicômaco", opondo-se à definição de substância enquanto ser, dada por Aristóteles: "O que busca Aristóteles, e isso abriu a via para tudo que em seguida se arrastou atrás dele, é o que seja o gozo do ser. [...] O ser que eu oponho a isso [...] é o ser da significância [...] da significância no gozo, no gozo do corpo" (LACAN, 1972-1973/2008, p. 77). Lacan afirma que o ser, no qual Aristóteles acreditou discernir a realidade fundante, não é senão um significado induzido pelo significante. O ser, afirma ele, não preexiste ao significante, mas é produzido por ele. O significante tem efeitos de significado, mas também tem efeitos gozantes. Isso está presente desde Freud, quando ele diz que o que confere ao sujeito um corpo é uma série de cuidados e de pontos de identificação vindos do Outro primordial. O gozo de todo corpo vivo toma consistência e se fixa a partir da incidência do significante, a partir do fato de que a fala está presente. Para Freud, toda substância corporal é decorrente do complexo de Édipo, dos cuidados dispensados pela mãe e das insígnias do pai.

Suárez, em seu artigo intitulado "Women and their passions" (2006), faz uma disjunção entre ser e existir, na qual situa a problemática fundamental da feminilidade:

> Segundo Lacan, o ser não pode ser mais do que aquilo que é atribuído pelas palavras. O ser não existe fora do que está dito, do que se diz. No entanto, a existência, ao contrário, é algo que não se pode qualificar a partir do que se diz de alguém. [...] Podemos dizer que uma mulher é bela, doce, má, feia, tudo o que quisermos. No entanto, esses atributos se dirigem ao ser e nunca nos irão assegurar de que elas existem. (Suárez, 2006, s/p.)

A castração de entrada, à qual Lacan faz alusão, não faz referência a nenhum elemento real – ou seja, ao pênis –, pois a própria noção de privação implica a simbolização do objeto no real, uma vez que, "no real, nada é privado de nada". Se a noção de privação é introduzida no real, é porque já houve uma simbolização (Lacan, 1956-1957/1995, p. 224). Indicar que alguma coisa não está ali é supor sua presença. Podemos inferir que, se há privação de um elemento simbólico no real, então o significante da feminilidade, por estrutura, não foi inscrito.

A dimensão da espera também aparece no romance de Duras (1950/2003), como podemos ver nos dizeres da personagem Suzanne: A mãe "[...] esperou muito tempo, [...], porque já se acostumara àquelas espécies de espera. Elas eram, por si sós, os vínculos obscuros que a ligavam às potências do mundo, das quais dependiam seu corpo e bens, o cadastro, o banco" (Duras, 1950/2003, p. 26).

Poderia a privação de um elemento simbólico no real, ou seja, a não inscrição do significante da feminilidade, aproximar-se do que Duras denomina "vínculos obscuros"? Devemos prosseguir um pouco mais em busca dessa resposta.

Portanto, quando se diz que a mulher não possui o falo (nem o suporte imaginário para o falo, que é o pênis), não se está referindo ao órgão, e sim à impossibilidade de se definir um referente d'*A* mulher no inconsciente. Para Lacan, "não há *A* mulher, artigo definido para designar o universal" (Lacan, 1972-1973/ 2008, p. 79). Ou seja, as mulheres só existem uma a uma, pois *A* mulher, que seria uma exceção para fundar o conjunto das mulheres, não existe. "Esse artigo *a* é um significante do qual é próprio ser o único que não pode significar nada, e somente por fundar o estatuto d'*a* mulher no que ela é não-toda" (Lacan, 1972-1973/2008 p. 79). Enquanto o homem possui o representante do sexo no inconsciente, a mulher não possui nada que diga sobre seu ser de mulher. Em termos da castração, o que se apresenta é uma questão complicada para ambos os sexos: no homem, a angústia pela possibilidade da perda do falo e, na mulher, a inveja e as reivindicações ilimitadas de sua presença.

Seguindo essa linha de raciocínio, faz-se relevante retomar algumas questões consideradas por Freud como pontos essenciais. Para Miller, em seu Seminário estabelecido com a colaboração de Éric Laurent, "El Outro que no existe y sus comités de ética" (2010), a grande questão freudiana torna-se saber o que leva a menina a se afastar da mãe, seu primeiro objeto de amor, uma vez que "a castração já produziu nela seu efeito e o complexo de Édipo tem um destino diferente do que é reservado aos meninos, pode ser abandonado lentamente e mover seus efeitos à distância, o que é a vida psíquica normal da mulher" (Miller, 2010, p. 95).

A abertura para o pai dar-se-á a partir do fracasso e da decepção com relação à mãe, graças à equação pênis=filho. É o fato de acreditar já ser castrada (e não a ameaça da possibilidade de castração, como no caso do menino) que se revela como sendo a razão de a menina abandonar a mãe e se voltar para o pai. O afastamento da mãe não ocorre sem trazer à tona sentimentos hostis e queixas por parte da filha. Em seu artigo sobre a "Sexualidade Feminina" (1931), Freud escreveu que a menina responsabiliza a mãe "por tê-la trazido ao mundo com mulher" e não lhe perdoa por esse prejuízo (Freud, 1931/1976, p. 268). A mãe, por sua vez, em sua fantasia, também endereça sua queixa à filha, por ela ter nascido mulher, abrindo-lhe a ferida da castração. Freud conclui que a intensa ligação da menina à mãe é fortemente ambivalente, pois, nela, amor e ódio se contrabalançam mutuamente. Freud defronta-se, então, com a seguinte pergunta: no caso dos meninos, como eles mantêm intacta sua ligação com a mãe? A resposta a essa pergunta seria: os meninos podem lidar com seus sentimentos ambivalentes graças à entrada em cena do pai, passando a identificação para o lado paterno e a mãe permanecendo como objeto de amor (Freud, 1931/1976, p. 270). Freud defende até o fim que "a relação de uma mãe com o filho menino é, sem exceção, o mais perfeito, o mais livre de ambivalências de todos os relacionamentos humanos" (Freud, 1933/ 1976, p. 163).

Afinal, de que prejuízo se trata? *Penisneid*, para Freud, e ausência de significante e de saber sobre a feminilidade, para Lacan. Começa-se a vislumbrar que não se trata de que o pai substitua a mãe, nem de que o marido ou o filho se substituam à falta fálica. Em se tratando da reivindicação fálica, é possível se abrir para o ilimitado da devastação, em que nada poderá satisfazer a mulher.

É desse modo que Duras (1950/2003) descreve o infortúnio da mulher:

> O médico disse que a origem de suas crises estava no desabamento das barragens. Talvez estivesse enganado. Tanto ressentimento só podia ter sido acumulado lentamente, ano após ano, dia após dia.

> Não tinha uma causa única. Tinha mil, inclusive o desabamento das barragens, a injustiça do mundo, o espetáculo de seus filhos que se banhavam no rio... (DURAS, 1950/2003, p. 20)

Em seu artigo sobre "A sexualidade feminina" (1931/1976), Freud afirma de maneira clara que a fase de ligação com a mãe se estende no tempo mítico mais além do que se pode supor e que o afastamento da mãe se produz pela hostilidade e pelas acusações da filha de que ela não fora dotada de um órgão genital igual ao do menino. Porém, esse artigo contém um parágrafo instigante: "Abstive-me de debater as complicações que surgem quando uma criança, em resultado de um desapontamento com o pai, retorna à ligação com a mãe que abandonara ou, quando no decorrer da sua vida, ela repetidamente muda de uma posição para outra" (FREUD, 1931/1976, p. 276). Com efeito, no terceiro capítulo desse mesmo artigo, Freud nos indica que algo para além de uma relação imaginária entra em jogo na ligação exclusiva entre mãe e filha. Para Freud, não se trata apenas da ambivalência com relação à mãe, mas da reconstrução de uma relação que oscila entre passividade e atividade.

Em sua conferência sobre "A feminilidade" (1933/1976), Freud afirma: "[...] Fica-nos a impressão de que não conseguimos entender as mulheres, a menos que valorizemos essa fase de sua vinculação pré-edipiana à mãe" (FREUD, 1933/1976, p. 148). Orientar-se para o pai é a possibilidade de a menina simbolizar a falta e transformar a rivalidade imaginária em sua relação com a mãe, na qual a falta estava incluída. Porém, se, por algum motivo, o significante paterno vacila e, com ele, a solução edipiana, tem-se, em alguns casos, o retorno à hostilidade materna, de quem a menina realmente parece esperar mais substância do que do pai sobre seu ser de mulher. Freud conclui: "[...] A fase da ligação afetuosa pré-edipiana, contudo, é decisiva para o futuro de uma mulher" (Freud, 1933/1976, p. 164).

Como a ameaça de castração não funciona para a menina como funciona para o menino, o prolongamento no Édipo foi a via que levou Freud a deduzir, em "Algumas consequências anatômicas entre os sexos" (1925/1976), que não é possível desprender-se da ideia de que aquilo que é eticamente normal nos homens é diferente para a mulher. Seu supereu nunca é tão inexorável, tão impessoal, tão independente de suas origens emocionais como exigimos que o seja nos homens (Freud, 1925/1976, p. 319-320).

Os paradoxos de Freud quanto à formação do supereu surgem quando ele começa a distinguir a sexualidade do menino e da menina, e se estendem até sua conclusão de que o supereu das mulheres não se equipara ao dos homens. Para Freud, a base de formação do supereu é derivada do complexo de Édipo e relaciona-se à formação moral de cada um. No menino, a angústia de castração não apenas o afasta do investimento erótico em relação à mãe, como também favorece a identificação ao pai. Se, por um lado, o supereu teria a função de proibir e regular o gozo, por outro lado, a renúncia à satisfação pulsional, que nunca pode ser completamente anulada, gera uma agressividade que é introjetada e "enviada para o lugar de onde proveio, isto é, dirigida no sentido do próprio eu" (Freud, 1929-1930/1976, p. 146). Desde 1924, no artigo "O ego e o id" (1924/1976), Freud já se referia ao supereu utilizando as expressões: cruel, violento, impiedoso, sádico, destrutivo.

No caso da menina, Freud indica que o *Penisneid* marca a passagem do amor à mãe fálica ao ódio que a menina experimenta como efeito da decepção advinda do fato de a mãe ter lhe colocado no mundo privada do órgão fálico. Se a menina pensa que o Outro não lhe dá porque não pode, estará simplesmente decepcionada. O ódio surge quando se supõe uma intencionalidade em não dar, um não querer dar. Em *O Seminário, livro 7: a ética da psicanálise* (1959-1960/2008), Lacan afirma que: "A função do supereu, em última instância, em sua perspectiva última, é o ódio de Deus, recriminação a Deus por ter feito tão mal as coisas" (Lacan, 1959-1960/2008, p. 360). Consequentemente a esse ódio, a menina abandona a mãe como objeto de amor e se dirige ao pai, na esperança de receber dele o que fora recusado pela mãe. "Porém, o ódio segue seu rumo e retorna, eventualmente, na relação com o homem" (Tendlarz, 2002, p. 102). Para Freud, a entrada e a permanência no complexo de Édipo sem a angústia de castração dotaria a mulher de um supereu mais débil, menos ligado à proibição, que acabaria por comprometer a formação ética das mulheres.

Duras transmite, ao longo de seu romance, a submissão da filha a esse Outro implacável e descontrolado, encarnado pela figura da mãe. A filha fica ora sujeita ao fascínio exercido pela mãe, e ora se deixa atingir pelos golpes desferidos por ela. A personagem Suzanne muitas vezes se esquecia de que "aquela força vinha da mãe e a sofria como teria sofrido a força do vento, das ondas, uma força impessoal" (Duras, 1950/2003, p. 133).

> Ao descobrir aquela doçura tão reservada, escondida sob tanta dureza, Suzanne descobriu, ao mesmo tempo, quantos golpes foram precisos, sem dúvida, para forçá-la a se mostrar. E então chorou. (Duras, 1950/2003, p. 137)

Dessa maneira, Miller, no Seminário "La experiencia de lo real en la cura psicoanalítica" (2003), afirma que a amargura de tantas mulheres em relação a suas mães, tidas como responsáveis pela injustiça fálica sofrida por elas, ressoa especialmente sobre o que Lacan quis dizer com relação à devastação entre mãe e filha.

2.3. Quando as águas inundam: o gozo feminino

Constatamos que, até agora, pouco foi dito de forma mais elucidativa sobre o gozo das mulheres. Mesmo situando o falo no centro da dialética da sexualidade feminina, Freud não deixou de apontar a relação primitiva com a mãe como essencial. Em vários pontos do texto freudiano, é possível constatar o embaraço diante das questões do gozo e da sexualidade feminina, a qual Freud chegou a nomear de "continente negro".

Em "O mal-estar na civilização" (1930/1976), Freud apresenta a figura feminina como aquela que cuida dos interesses da família, da vida sexual e que não se conforma com os limites que lhe são impostos pela civilização. Ao se colocarem voluntariamente em uma posição de infração às normas, as mulheres permaneceriam arraigadas às satisfações das pulsões primárias (Freud, 1930/1976, p. 124).

No texto "Uma partilha sexual" (2003), Miller situa a mulher freudiana segundo duas vertentes da perda: na primeira delas, Freud aponta a mulher como ser portador da falta fálica, de um menos de gozar, derivado do complexo de castração; na segunda, a mulher se envereda pela via do excesso, ao se engajar na tarefa de compensar o que lhe falta porque não tem mais nada a perder (Miller, 2003, p. 22).

Na conferência de Freud sobre a "Feminilidade" (1933/1976), é possível encontrar "uma relação particularmente constante entre feminilidade e vida pulsional" (Freud, 1933/1976, p. 143). Miller (2003) considera que as afirmações presentes em "O mal-estar na civilização" e em "Feminilidade" são uma tentativa freudiana de definir a mulher pela vertente do gozo feminino, o que nos leva a pensar que Freud realmente não acreditava que o falo saturava o campo do gozo nas mulheres.

É a mãe que erotiza o corpo da criança, ao introduzir a educação do sono, da alimentação, do ritmo da vida, da excreção, dos prazeres diversos. Os cuidados dispensados ao filho trazem a marca pulsional do gozo materno. Freud, em "Três ensaios sobre a teoria da sexualidade" (1905/1976), diz que as mães, mesmo fazendo das crianças um objeto sexual, estariam ensinando-as a amar (Freud, 1905/1976, p. 210). Poderíamos pensar que Freud, ao tomar a criança como objeto sexual da mãe, estaria antecipando a formulação de Lacan em "Notas sobre a criança" (1969), publicado em *Outros Escritos* (2003), quando ele se refere à criança como objeto de gozo da mãe? A experiência de passividade que marca a criança em seu estatuto inicial de objeto entregue ao gozo materno deixa um registro de aniquilamento, de submissão ao Outro, marcado por um gozo "a mais" e, portanto, excessivo, que irá imprimir suas marcas no corpo da criança, seja ela menino ou menina.

Contudo, Freud (1933/1976) reconhece a importância da relação mãe-filha como determinante na vida erótica da menina, a partir de dois elementos que caracterizam essa relação, pelo viés da satisfação. O primeiro deles é o brincar de bonecas, experiência que, muito mais que exprimir um traço de feminilidade, cumpre a função de transformar experiências passivas em ativas. As meninas, ao brincarem de mãe e filha com suas bonecas, têm a chance de expressar essa "[...] atividade da feminilidade, e essa predileção da menina talvez ateste o caráter exclusivo da ligação com a mãe, com total descaso do objeto-pai" (Freud, 1931/1976, p. 272). O segundo elemento são as fantasias de alto conteúdo erótico e amoroso em torno da masturbação clitoridiana, que se transformam em ciúmes e em ódio diante das proibições por parte da mãe. Essa situação tem origem na "sedução" da mãe durante as práticas de higiene e de carícias.

Ao dizer que a mãe é, na verdade, a primeira sedutora, Freud coloca-a como esse Outro capaz de gozar do corpo da filha. Isso fica como um resto do qual caberá à filha a tarefa de se emancipar. Freud, ao se referir às experiências sexuais que uma criança tem em relação à mãe, chega a dizer que "uma parte da libido da criança continua aferrando-se a essas experiências e desfruta das satisfações a elas relacionadas; outra parte, porém, esforça-se por transformá-las em atividade" (Freud, 1931/1976, p. 271). Para Brousse (2004), "a menina sempre poderá responsabilizar à mãe a causa da devastação, posto que um gozo não tratado pelo significante fálico resta inexoravelmente como fato da estrutura" (Fuentes *apud* Brousse, 2012, p. 108).

No romance de Duras (1950/2003), é possível localizar pontos de fixação desse gozo obscuro e opaco em relação à mãe, que é apresentada no romance como sendo uma mulher assexuada, cujos desejos e sentimentos são impensáveis ou mantidos em segredo. Um ponto de fixação do gozo aparece, por exemplo, na cena em que Suzanne surge como objeto de desejo de um homem e sua mãe, silenciosamente fascinada, sente-se atraída por aquele homem que se revela perdido ao contemplar Suzanne. Ou mesmo quando Suzanne se pergunta sobre a reação da mãe, ao vê-la se deleitar e arrancar-lhe o diamante que havia ganhado de um homem: "Que juventude, que velho ardor reprimido, que retomada de concupiscência até então insuspeitada tinham, portanto, se despertado nela à vista do anel?" (Duras, 1950/2003, p. 132). O diamante surge para a mãe como objeto de desejo.

Porém, ele não se insere na lógica fálica atributiva do ser e do ter, revelando outro gozo, desconhecido.

A partir da falta de definição que a caracteriza, a mulher deve fazer algo, inventar alguma coisa para ela, isto é, criar para si uma identidade feminina. Tal afirmação nos remete, novamente, à citação de Lacan em "O Aturdito" (1972/2003), quando ele diz que, segundo Freud, o Édipo faz da mulher peixe n'água. Pode-se entender que, quando se trata do Édipo, a mulher se assemelha a todas as mulheres. Para o menino, o Édipo representa uma saída, mas a menina pode permanecer ali *ad infinitum*. A ameaça de castração não é eficaz para a mulher e Freud não localiza nenhuma ambivalência na relação da filha com o pai, nenhuma esperança na sua morte, "a tal ponto que a proteção que dá aquilo que Freud chama de porto do pai é um refúgio do qual ela não quer sair e ao qual reiteradamente volta" (Brodsky, 2008, p. 59). Freud, inclusive, vê aí a razão pela qual a eleição de um homem como objeto de amor é incompleta, enquanto as análises mostram que a primeira eleição de amor está fortemente moldada à relação pré-edípica materna.

Contrariamente a Freud, Lacan afirma que o refúgio na calmaria do porto do Édipo contrasta dolorosamente com o fato de que, para a maioria das mulheres (para a maioria, e não para todas), as tormentas situam-se na relação com a mãe, enquanto mulher, que é devastadora. A experiência clínica nos confirma tal realidade. Uma vez no Édipo, a mulher movimenta-se como peixe n'água, mas isso é insuficiente para que ela ascenda à posição feminina. Todavia, é preciso convidá-la a entrar no Édipo. Na clínica, não é raro encontrar casos em que é preciso construir, no dispositivo de análise, "um pai", para que as pacientes possam terminar de enlaçar o Édipo e a castração.

Não deixa de ser divertido o modo como Brodsky refere-se à entrada no Édipo:

> A festa do édipo não é para ela. Na festa do édipo, ela não tem com que se apresentar. Trata-se, aí, de quem tem, de quem não tem e, de quem tem, quanto tem: de tamanho, de competência fálica. [...]. Ela se coloca com o ter e o não ter, mas no fundo sabe que tudo isso é puro semblante. A festa do Édipo, a menina olha de fora, com um sorriso e um certo desprezo. (Brodsky, 2008, p. 59-60)

Ao afirmar que a filha realmente parece esperar mais substância da relação com a mãe enquanto mulher, Lacan desloca a questão em termos da relação mãe-filha. É da mãe, tomada enquanto mulher, que a filha espera encontrar algo mais consistente, pois o falo não satura o campo de gozo nas mulheres. Não se trata, aqui, dos semblantes fálicos, encontrados do lado paterno, mas de um "a mais" de substância que provenha da mulher.

Em *O Seminário, livro 20*, Lacan utiliza a expressão *substância gozante*. Ele diz que o gozar de um corpo, simbolizado pelo Outro, "comporta talvez algo de natureza a fazer pôr em função uma outra forma de substância, a substância gozante" (Lacan, 1972-1973/2008, p. 29). Lacan afirma que a substância do corpo define-se apenas como aquilo de que se goza. "Propriedade do corpo vivo, sem dúvida, mas nós não sabemos o que é estar vivo, senão apenas isto, que um corpo isso se goza, que a única coisa que se pode saber do corpo é que se goza" (Lacan, 1972-1973/2008, p. 29). Esse "a mais" de substância a que Lacan se refere articula-se ao gozo suplementar. O suplemento diferencia-se do complemento, pois sugere algo "a mais". A suposição de um gozo feminino suplementar ao gozo fálico não exclui a referência ao falo ou à castração, o que seria equivalente à psicose. A versão lacaniana do gozo feminino – não-todo submetido ao falo – apresenta-se ao sujeito como um "campo ignorado", deserto de referências. Não haveria palavras que poderiam ser encontradas por uma menina para se dizer mulher. Portanto, nessas águas de S(Ⱥ), a mulher já não se movimenta mais como peixe n'água. Nesse mar feminino, não há barragem que impeça a inundação do Outro.

Brodsky (2008) conclui: "Buscar a solução, como mulher, em alguém que tampouco encontra, por definição, demasiada substância para a sua feminilidade através dos homens, é ir bater na porta esperando a substância de alguém que é tão insubstancial quanto ela" (Brodsky, 2008, p. 60). É na queda dos semblantes que a devastação aparece, revelando um gozo opaco, refratário à simbolização.

A partir do que se trabalhou até aqui, faz-se necessário recorrer, mais uma vez, ao enigma freudiano expresso na pergunta "o que quer a mulher?", que, por si só, já abre um mais além do falo. O próprio Freud buscou a resposta na relação pré-edípica, mais especificamente, nas satisfações pulsionais da menina, oriundas da relação entre mãe e filha, entre a menina e a mãe.

Em "Análise terminável e interminável" (1937/1976), Freud retoma o termo *Penisneid* e não vacila em colocá-lo como um obstáculo para a clínica:

> [...] quando estamos tentando persuadir uma mulher a abandonar seu desejo de pênis, com fundamento de que é irrealizável, [...], esse desejo é fonte de irrupções de grave depressão nela, devido à convicção interna de que a análise não lhe será útil e de que nada pode ser feito para ajudá-la. [...] Mas também aprendemos com isso que não é importante sob que forma a resistência aparece, seja com transferência ou não. A coisa

> decisiva permanece sendo que a resistência impede a ocorrência de qualquer mudança, [...] temos aí a impressão de que o desejo de um pênis [...] alcançou o fundo do poço. (FREUD, 1937/1976, p. 286-287)

Nessa citação, Freud deixa claro que persuadir a mulher a abandonar seu desejo de pênis, diga-se de passagem, é uma tarefa inútil. Por influência do recalque, há algo que permanece inalterado e que é impossível mudar. O desejo de pênis toca o fundo do poço.

Freud faz uma observação clínica interessante com relação ao algo "a mais" que resiste na relação mãe-filha. "Há algo que resiste no feminino" (FREUD, 1931/1976, p. 261), na medida em que a relação com o pai não faz desaparecer, na menina, a relação primária com a mãe. Freud diz:

> Tudo na esfera dessa primeira ligação com a mãe me parecia tão difícil de apreender nas análises – tão esmaecido pelo tempo e tão obscuro e quase impossível de revivificar – que era como se houvesse sucumbido a um recalque especialmente inexorável. (FREUD, 1931/1976, p. 260-261)

Resistências tão poderosas têm como pano de fundo uma intensa satisfação pulsional, ponto-limite na clínica. O que não se recorda está mais além (ou mais aquém) da falta fálica. Trata-se de um gozo vinculado à mãe como objeto, o qual, eventualmente, retorna como atuação.

No romance de Duras (1950/2003), é possível verificar que a devastação na relação mãe-filha diz respeito também à dificuldade de simbolizar o gozo mais além do falo, o que retorna na mulher como uma entrega a um amor sem limites.

> Era tudo o que eu [a mãe] tinha. Eu lhe dei tudo o que tinha naquela manhã, tudo, como se lhe

> entregasse meu próprio corpo em sacrifício, como se de meu corpo sacrificado fosse florescer todo um futuro de felicidade para meus filhos. (Duras, 1950/2003, p. 282)

2.4. Entre o porto seguro e o além-mar

Faz-se necessário, retomarmos os três eixos conceituais percorridos na obra de Freud.

Em primeiro lugar, o caráter fantasmático do laço pré-edípico com a mãe, que encobre um gozo sexual e amoroso.

Em segundo lugar, a dupla referência paterna. Há um primeiro tempo, caracterizado pela ausência do pai, em que ele cumpre a função de interditor; e um segundo tempo, em que a intervenção paterna separa a menina da mãe. Uma vez localizada a castração, a menina orienta sua busca para o falo, coloca em seu lugar o desejo de um filho e toma o pai como objeto de amor. Seria uma saída para a feminilidade pela via da maternidade. Dessa forma, Freud acaba confundindo "ser mulher" com "ser mãe". Lacan, por outro lado, estabelece uma diferença radical entre mãe e mulher. Enquanto a mulher é um sujeito, a mãe é uma função.

Quando a menina se orienta para o pai, existe uma possibilidade de que ela simbolize a falta e transforme a rivalidade imaginária existente na relação fantasmática com a mãe, no interior da qual a falta estava presente. Não é a mesma coisa a criança se fixar em uma reivindicação fálica dirigida ao pai ou à mãe. Contudo, a criança não satura o desejo da mãe, pois o filho pode ser um dos equivalentes simbólicos do falo, mas apenas como metáfora possível. A mulher, mais uma vez, configura-se como sujeito insaciável, pois, estruturalmente, o *Penisneid* se apresenta como ponto irredutível na mulher; sempre resta algo fora de seu domínio. Isso quer dizer que, embora Freud tenha se referido ao *Penisneid* como um impasse tipicamente feminino, ele não confundiu o feminino com o falo. Os filhos não saturam e nem devem saturar a falta fálica de uma mulher.

Em terceiro lugar, a dupla caracterização freudiana do supereu: Freud refere-se ao supereu paterno como débil, herdeiro do complexo de Édipo. Paradoxalmente, ele também utiliza as expressões *cruel*, *violento*, *impiedoso*, *sádico* e *destrutivo*.

Em *O Seminário, livro 4: a relação de objeto* (1956-1957/1995) e em *O Seminário, livro 5: as formações do inconsciente* (1957-1958/1999), Lacan faz algumas pontuações que precedem suas teorizações sobre o tema da devastação, nas quais a mãe é retratada como uma figura insatisfeita, insaciável. Trata-se de pontuações que trazem coerência conceitual aos três eixos descritos acima.

> Esta mãe insaciável, insatisfeita, em torno de quem se constrói toda a escalada da criança no caminho do narcisismo, é alguém real, ela está ali, e, como todos os seres insaciáveis, ela procura o que devorar, *quaerens quem devoret.* [...] O furo aberto da cabeça de Medusa é uma figura devoradora que a criança encontra uma saída possível em sua busca da satisfação da mãe. (Lacan, 1956-1957/1995, p. 199)

Já alguns anos mais tarde, em *O Seminário, livro 17* (1969-1970/1992), Lacan apresenta a devastação como estando ligada ao desejo da mãe:

> O papel da mãe é o desejo da mãe. É capital. O desejo da mãe não é algo que se possa suportar assim, que lhes seja indiferente. Carreia sempre estragos. Um grande crocodilo em cuja boca vocês estão – a mãe é isso. Não se sabe o que lhe pode dar na telha, de estalo fechar a bocarra. O desejo da mãe é isso. (Lacan, 1969-1970/1992, p. 118)

Lacan utiliza o termo *estrago*, análogo ao termo *devastação*, para se referir à relação entre a mãe e a criança, independentemente de o filho de ser menino ou menina. O termo em francês, *ravage*, pode ser traduzido como: "ruína, devastação, dano importante causado pelos homens ou pela natureza com violência e bruscamente. A alocução *faire des ravages* remete, por outro lado, a se fazer amar e fazer sofrer".[5]

Na obra de Duras (1950/2003), a devastação gerada pela natureza está muito próxima da devastação entre mãe e filha. A autora se utiliza da obstinação e da força implacáveis da natureza para simbolizar a mãe, em sua face arrebatadora ou mortificada. Isso se estende à descrição que Duras faz das mulheres que vivem na planície e que geram crianças aos montes, durante todo o ano, no mesmo ritmo em que chegam a chuva, as frutas, as inundações. As crianças chegam em ondas regulares, por colheita ou por floração, e já nascem obstinadas. Elas precisam morrer.

> Isso acontecia regularmente, a um ritmo vegetal, como se de uma longa e profunda respiração, cada ano, a barriga de cada mulher crescesse com uma criança, a rejeitava, para em seguida retomar seu fôlego com outra. (Duras, 1950/2003, p. 113)

A imagem do crocodilo corresponde à primeira grande questão para a criança, que é o confronto com o mistério do desejo e da opacidade do gozo da mãe. A leitura de *O Seminário, livro 4* e de *O Seminário, livro 5* nos permite articular as noções lacanianas de Desejo da Mãe e Édipo. É como se o Desejo da Mãe portasse um elemento excessivo, um gozo "a mais", gozo este que pode se apresentar de

[5] BATLA, Elba; CRISCAUT, Juan J.; FAVRET, Ennia *et al. Un estrago en la relación madre-hija*, p. 50. Edita Vigencia Argentina, 1997.

variadas formas: como enigma, como invasão e, inclusive, como devastação. Como é que esse gozo "a mais" se articula à constituição do sujeito?

No início do processo de subjetivação, a criança, independentemente de ser menino ou menina, identifica-se ao significante x do Desejo da Mãe, um desejo opaco, caprichoso, cuja significação a criança desconhece. Trata-se de um significante que marca um vazio de significação, uma ausência, a qual faz alusão ao supereu feminino enquanto lei incontrolada, insensata, estranha, muito próxima do Desejo da Mãe "antes desse desejo ser metaforizado pelo Nome-do-Pai", como escreveu Miller em "Clínica del superyó" (1981), a respeito da especificidade do supereu feminino (Miller, 1981, p. 143).

Ao propor uma dimensão significante ao Desejo da Mãe, nomeando-o como lei caprichosa, Lacan deixa claro que não se trata da pessoa da mãe, mas da função exercida enquanto Outro primordial.

> A lei da mãe, [...] é o fato de que a mãe é um ser falante, e isso basta para legitimar que eu diga a lei da mãe. [...], uma lei não controlada. [...] só que essa lei está, toda ela, no sujeito que a sustenta, isto é, no bem-querer ou malquerer da mãe, na mãe boa ou má. (Lacan, 1957-1958 /1999, p. 195)

Lacan, ao formalizar a metáfora paterna em *O Seminário, livro 5*, apresenta o significante Nome-do-Pai, como um significante privilegiado que instaura uma lei, ao regular o Desejo da Mãe. Para que haja pacificação, a lei do pai intervém, barrando a lei caprichosa da mãe. "Nisso está o pilar essencial, o pilar único da intervenção do pai no complexo de Édipo" (Lacan, 1957-1958/1999, p. 180). O pai é uma metáfora, é um significante que substitui outro significante que dará fundamento à lei.

O Desejo da Mãe, simbolizado como a bocarra de um crocodilo prestes a abocanhar a criança, tem agora uma solução: "Há um rolo, de pedra, é claro, que lá está em potência, no nível da bocarra, e isso retém, isso emperra. É o que se chama falo. É o rolo que os põe a salvo se, de repente, aquilo se fecha" (Lacan, 1969-1970/1992, p. 118). O que Lacan quer dizer é que, se o falo não satisfaz o Desejo da Mãe, ele ao menos livra a criança de ter que responder pelo que satisfaria esse desejo voraz e mortífero.

Contudo, o crocodilo se engana com o rolo de pedra (falo). Quando a criança descobre que não é suficiente para preencher essa falta, Lacan, em *O Seminário, livro 4*, diz o seguinte:

> Para satisfazer o que não pode ser satisfeito, a saber, esse desejo da mãe que, em seu fundamento, é insaciável, a criança, por qualquer caminho que siga, engaja-se na via de se fazer, a si mesma, de objeto enganador. Este desejo que não pode ser saciado, trata-se de enganá-lo. (Lacan, 1956-1957/1995, p. 198)

Vale assinalar que o Desejo da Mãe é escrito com D maiúsculo. Desejo que remete à Demanda voraz e insaciável. Podemos inferir que esse desejo materno está muito próximo à Demanda, por ser a demanda de amor intransitiva, incondicional e, por si só, um impasse.

A demanda materna é dirigida a um objeto real. Dessa forma, existe uma enganação na relação entre mãe e criança. Entrar no complexo de Édipo é subjetivar esse *Che vuoi?* angustiante, por intermédio do falo imaginário. Ambos os sexos ingressam no complexo identificados ao falo como o efeito do Nome-do-Pai, que produz a significação fálica.

O mais importante para Lacan (1957-1958/1999) não é depositar tanta ênfase na relação primordial com a mãe, como fizeram os pós-freudianos, que acabaram por eludir toda a dialética edipiana. A comunicação entre a mãe e a criança é sempre intermediada pela mediação fálica, já que a criança nunca está a sós com a mãe. Entre os dois, existe o falo como terceiro elemento, e é para ele que aponta o Desejo da Mãe. Essa situação instala uma barreira intransponível à satisfação da criança. Para Lacan, o que realmente importa com relação ao destino da criança "é aquilo pelo qual o sujeito almejou e identificou o desejo do Outro, que é o desejo da mãe" (Lacan, 1957-1958/1999, p. 283). Trata-se do reconhecimento "em relação ao que é um x de desejo na mãe, de que modo o sujeito foi levado a se tornar ou não aquele que atende a esse desejo, a se tornar ou não desejado" (Lacan, 1957-1958/1999, p. 283).

Uma mediação paterna é, portanto, imprescindível, tanto para a criança como para a mãe. Para a criança porque ela vê, então, a possibilidade de ascender à condição de sujeito, em vez de continuar sendo objeto de satisfação fálica da mãe ou objeto de gozo em sua fantasia. Para a mãe porque, enquanto mulher, na ausência da mediação simbólica e reguladora do homem, "ela tende a permanecer como um Outro real, ela é interpretada como Outro do gozo" (Brousse, 2004, p. 209).

Em "Diretrizes para um Congresso sobre a sexualidade feminina" (1958/1998), Lacan questiona se o falo drena tudo o que há de pulsional na mulher (Lacan, 1958/1998, p. 739). Para ele, há um campo de satisfação na mulher que não passa pela mediação fálica, inclusive a maternidade. Quando se trata do desejo da mãe, o falo não o preenche totalmente. Isso porque, no desejo da mãe, há a vertente mulher que aponta para um ponto irredutível do feminino. A devastação, nesses casos, repousa sobre o fato de que, quanto mais reivindica, mais o sujeito é remetido a um "não é isso", pois o falo não satura o campo do gozo feminino.

É assim, então, que, segundo Miller (1981), pode-se falar em falo como significante do gozo (fálico), já que ambos, falo e gozo, encontram-se coordenados pelo Nome-do-Pai. O Nome-do-Pai como uma função coordenada ao desejo, e o supereu como função coordenada ao gozo. Se, por um lado, Freud considerava que as mulheres seriam dotadas de um supereu mais débil e menos ligado à proibição, Lacan operou "uma revolução ética na psicanálise" (LAurent, 2012, p. 122), ao dizer que o supereu é perigoso não pelo fato de proibir, já que não se trata de um supereu paterno ou materno, edípico ou pré-edípico, mas pelo fato de representar um empuxo ao gozo através do comando: Goza! Tal formulação não deixa de estar em consonância com o texto freudiano, já que Freud afirmou que "a influência que rege o supereu é, por assim dizer, uma cultura pura da pulsão de morte" (Freud, 1924/1976, p. 69).

> [A mãe] lançou-se sobre ela e lhe deu uns socos com toda a força que lhe restava. Com toda força de seu direito, com toda força, igual, de sua dúvida. Enquanto batia nela [Suzanne], falou das barragens, do banco, da doença, do telhado, das aulas de piano, do cadastro, da velhice, de seu cansaço, de sua morte. [...] Ela batia mais, como que sob o impulso de uma necessidade que não a deixava. Suzanne a seus pés, meio despida em seu vestido rasgado, chorava. Quando tentava se levantar, a mãe a derrubava com o pé e gritava. (Duras, 1950/2003, p. 132)

Segundo Recalde, "é aqui, precisamente, onde se pode localizar a devastação: não como um conceito, e, sim, como efeito da incidência traumatizante deste gozo sem medida, não limitado pelo falo. Gozo que está sempre presente e que o sintoma não consegue metaforizar" (Recalde, 2012, p. 85).

Quais seriam as consequências que poderíamos extrair na clínica, a partir dessas condições estruturais?

Vimos que o refúgio no porto seguro do pai, indicando que houve uma pacificação, ocorre porque o pai resgata a filha da submissão inicial à figura materna. É por isso que o pai é amado pela filha. Lacan, em *O Seminário, livro 24: l'insu que sait de l'une bévue s'aile a mourre (inédito)* lembra que para Freud a identificação histérica dirigida ao pai é qualificada, "não se sabe bem por que", como amor (Lacan, 1976-77, lição de 16 de novembro de 1976). Graças à identificação viril (identificação ao pai), a menina pode adquirir um significante fálico. Se, por algum motivo, o significante paterno vacila, a menina se volta para a mãe, de quem, como mulher, ela realmente parece esperar mais substância que do pai.

A partir de uma leitura do capítulo "O falo e a mãe insaciável", em *O Seminário, livro 4*, Biaggio (2012) infere que o pai, em sua vertente da impotência, torna-se cúmplice da mãe na devastação com os filhos, ao modo do pai de Hans, que não diz "não", ou do pai que não é capaz de transmitir ao filho os emblemas necessários para que ele possa aceder à sua masculinidade ou à sua feminilidade. No caso da menina, não são raros os sentimentos de desconfiança, de descrença, e até de estranheza que ela pode experimentar em face dessa impotência paterna.

Os dramas edípicos exigem da filha uma rejeição às vezes tão intensa da mãe que, no rancor e na hostilidade do objeto amado, uma mulher se encontra em um país estrangeiro e intolerável.

> Enquanto ela ainda respirava e à medida que seu coma se prolongava, seu rosto ficava cada vez mais estranho, um rosto retalhado, dividido entre uma expressão de cansaço extraordinário, inumano e o de

> uma fruição não menos extraordinária, não menos inumana. (Duras, 1950/2003, p. 350)

Podemos inferir, portanto, que o ilimitado do gozo feminino está muito próximo da formulação de Freud segundo a qual não existiria limite à castração para a mulher. Isso se confirma nas fórmulas da sexuação presentes em *O Seminário, livro 20*, em que Lacan escreve que, do lado mulher, o limite à lei da castração e ao significante estaria não-todo inscrito. Lacan conclui que a mulher teria uma relação privilegiada com o real, de modo contingente e esporádico.

2.5. Devastação e trauma: onde as águas se encontram

Vimos que a devastação é caracterizada como a fúria do amor materno, sendo a violência um de seus índices.

Como aproximar o termo *devastação* da noção de trauma?

Freud considera que o estado de desamparo em que a criança se encontra ao nascer é o verdadeiro drama do ser humano: a criança nasce em um estado de completa dependência do Outro, que pode ser tanto a mãe como qualquer pessoa que realize seus cuidados básicos, como as necessidades de fome e sede. A partir dessa dependência absoluta da criança, o Outro se torna Primordial. Essa condição de dependência deixa marcas no inconsciente, as quais são revividas de algum modo ao longo da vida.

Não é só em nível de formação do inconsciente que o Outro tem precedência na vida. Também a tem em nível de constituição do corpo próprio. Se obtivermos alguma garantia de nosso corpo, é porque estamos mergulhados em um mar de linguagem, em um universo simbólico que nos precede e que nos determina, o que se torna válido para ambos os sexos. Mesmo tendo claro que a anatomia não é o destino, isso não deixa de ter consequências sobre o sujeito.

Para Lacan, primeiro o corpo se constitui no espelho, o eu se constitui como forma alienada na imagem do outro. Frente a sua própria imagem no espelho, a criança a toma como se fosse de outro. Ainda que a criança, por um lado se sinta fragmentada, por outro lado ela irá vivenciar a sua imagem unificada no espelho. Para se identificar a ela, é necessário o investimento do Outro, o olhar do Outro sobre a criança.

> O júbilo da imagem no espelho dá então consistência à imagem do corpo que se sustenta como tal no desejo do Outro, quando a criança, desde que o consinta, encontra, na operação de alienação, o suporte identificatório nos significantes da demanda da mãe que a criança quer satisfazer (Fuentes, 2012, p. 133).

O sexo não chega, portanto, naturalmente pela maturação libidinal, mas envolve o discurso do Outro e seu desejo, que a criança procura preencher. Brousse (2004) situa a devastação no campo da relação entre o sujeito e a mãe, o Outro da linguagem e a relação com a fala. Uma das marcas dessa "aventura primordial do que se passou em torno do desejo infantil" (Lacan, 1957-1958/1999, p. 282) é a marca deixada pelo fato de a mãe ser a detentora dos poderes da palavra.

Observamos anteriormente, que há um resto que não foi "drenado" pela mediação fálica, e isso é uma das razões que faz com que o discurso da mãe seja sempre legiferante e que, por toda a vida, o sujeito carregue a marca de seu desejo e os estigmas de seu gozo. Portanto, nem tudo é mediado pelo significante Nome-do-Pai, e há toda uma linguagem privada entre a mãe e seu bebê que Lacan denominou de *lalíngua*, a língua dita materna, que deixa traços marcados na carne e que permanece no registro do real. Diferentemente da linguagem articulada segundo as leis do significante, a *lalíngua* é composta pelo "rumor inquietante, enigmático e ilegível do gozo materno" (Fuentes, 2012, p. 135). A mãe decreta, legifera e sentencia sobre tudo o que tem a ver com a existência da criança e é assim que as suas palavras adquirem um sentido e têm profundas consequências para o destino da criança:

> Na memória reencontramos a voz às vezes devastadora e persecutória das palavras, dos imperativos e dos comentários inesquecíveis desse Outro materno primordial que se apresentara investido de uma obscura autoridade. [...] é autoridade porque o Outro rege a existência da criança e é obscura porque o faz de acordo com seus próprios desejos e fantasias cujas significações a criança desconhece. (Zalcberg, 2007, p. 33)

Então, se é verdade que é a linguagem que nos permite nos apropriarmos do corpo, pois não se trata do corpo orgânico, mas do corpo falante, ao dizer: "este corpo me pertence", para vivenciá-lo como tal, haveria alguma especificidade a ser levada em conta no caso da subjetivação do corpo de uma mulher?

Mãe e filha portam imagens semelhantes, não há diferença sexual anatômica que possa imprimir uma diferença entre elas, o que lhes dá a ilusão de uma proximidade corporal e também de uma cumplicidade na experiência feminina, na confidência íntima, a ilusão de uma transparência de experiência – mesmo que elas busquem resistir a essas ilusões ou mesmo se defender delas. Tudo isso é representado na intimidade dos corpos, nas questões relacionadas à beleza, à escolha das roupas, às estratégias de sedução. Contudo, a semelhança feminina, entre mãe e filha, é ilusória. Não há identificação imaginária resolutiva possível que dê suporte e alicerce ao corpo sexuado da mulher. A devastação é uma prova que quebra a ilusão tentadora de que mãe e filha têm algo em comum, uma unidade de experiência do feminino (Lessana, 2000, p. 398).

A fala do Outro materno está associada à descoberta de uma experiência de gozo sexual traumática para o sujeito. É assim que Brousse (2004) refere-se ao enigma do desejo da mãe que tem como pano de fundo a inscrição traumática do corpo por um significante pelo qual o sujeito se fará reconhecer. No caso da menina surge um complicador, devido ao fato de que ela nunca está certa de poder contar com uma consistência suficientemente firme que sustente sua imagem, muito em função da ausência de um significante feminino.

Para Brousse (2004), a devastação feminina situa-se no momento da introdução traumática do sexual, quando algo da mãe escapou à lei simbólica que deveria tê-la feito objeto na estrutura de troca fálica. Na impossibilidade de metaforizar o desejo da mãe, a filha permanece como objeto rebaixado, sem lugar no desejo do Outro. Na relação de devastação esse gozo permanece no lugar de um Outro real, que convoca a filha para uma fusão impossível ou para a perseguição. Uma característica desses sujeitos é uma dificuldade nas relações de troca, em colocar seu corpo na troca amorosa, nas parcerias e na maternidade.

A partir daí, pode-se conceber a força e a imensidão do que uma mulher espera de sua mãe. Trata-se de algo que a mãe não pode lhe dar: nem a existência enquanto mulher, nem o ser de mulher, tampouco a "substância feminina".

A mãe não pode lhe dar não porque ela não o queira, mas porque se trata de algo da ordem do impossível, no sentido daquilo que *não cessa de não se inscrever* para a mulher.

A tese freudiana da prevalência do falo para ambos os sexos se equivale aos axiomas lacanianos "Não há relação sexual" e "*A* mulher não existe", que indicam a ausência de representação no inconsciente para o feminino. De posse desses dados é possível pensar a devastação como um fato de estrutura, advinda de um gozo não-todo fálico, e que, nesse sentido, a devastação pode ocorrer contingencialmente a qualquer sujeito que se depare com a falta de significante no Outro para dizer sobre o seu ser de gozo, S(Ⱥ), próprio matema do trauma.

Alcançado esse ponto, é possível perguntar: como a mulher se situa em uma parceria amorosa? De que modo se pode conectar a devastação originada na relação mãe-filha com a devastação na relação com o homem?

3. Parcerias amorosas: entre sintoma e devastação

3.1. A travessia de Duras

> *Não há mulher senão excluída pela natureza das coisas que é natureza das palavras, e temos mesmo que dizer que se há algo de que elas mesmas se lamentam bastante por hora, é mesmo disto – simplesmente, elas não sabem o que dizem.* (Lacan, 1972-1973/2008, p. 79)

Elas não sabem o que dizem, elas não sabem o que escrevem.

Para Duras, nunca se descobrirá por que se escreve ou mesmo como se escreve. É Duras quem diz: escrever "é o desconhecido de si, de sua cabeça, de seu corpo" (Duras, 1993/2010, p. 55). Em outro momento, a autora revela: "Jamais escrevi, acreditando escrever, jamais amei, acreditando amar, jamais fiz coisa alguma que não fosse esperar diante da porta fechada" (Duras, 1984/1986, p. 30).

Ao tomar conhecimento do comentário de Lacan a respeito de seus escritos, Duras sentiu-se atordoada e nunca chegou a compreender por completo o que ele quis dizer com sua afirmação: "Ela não deve saber que escreve, nem aquilo que escreve. Porque ela se perderia. E isso seria uma catástrofe" (Duras, 1993/2010, p. 22). Para Duras, essa frase se converteu "em uma espécie de identidade essencial, um direito de dizer totalmente ignorado pelas mulheres" (DURAS, 1993/2010, p. 22).

No livro *Boas falas* (1974), encontram-se transcritas cinco conversas entre Duras e a jornalista Xavière Gauthier nas quais a própria Duras associa seu modo de escrever ao feminino. A escritora diz que seus romances são dolorosos de ler, pois se associam a uma região ainda não explorada, região essa que aponta provavelmente para o feminino. O feminino é descrito por Duras como "um terreno de experimentação".

> Esses livros são dolorosos de escrever, de ler, e essa dor deveria nos conduzir a um terreno... um terreno de experimentação. Bem, quero dizer, eles são dolorosos, é doloroso porque é um trabalho relativo a uma região... ainda não explorada, talvez. [...] Esse feminino, digamos [...]. Talvez seja isso que provoque a dor. (DURAS; GAUTHIER, 1974, p. 16)

Um dos últimos livros que Duras escreveu, intitulado *Escribir* (1993/2010), traz uma espécie de testamento em que Duras aproxima o feminino da dor da escrita: "É achar-se em um buraco, [...] numa solidão quase total, e descobrir que só a escrita lhe salvará" (DURAS, 1993/2010, p. 22). É ir de encontro a uma selvageria anterior à vida. "Não se pode escrever sem a força do corpo. Para abordar a escritura é preciso ser mais forte que si mesmo [...] o escrito é o grito das feras noturnas, de todos, de você e eu, os gritos dos cães" (DURAS, 1993/2010, p. 26).

Segundo publicações posteriores, por exemplo, *Outside: notas à margem* (1981/1983), e também de acordo com numerosas entrevistas, em seus escritos, Duras nos mostra um mundo sob o ponto de vista pessoal, nascido de sua vivência, de suas ideias, de suas opções políticas, presentes em sua obra. Para Duras: "Nas histórias dos meus livros que se referem à minha infância, não sei mais o que evitei dizer, [...] foge ainda à minha compreensão, é ainda inacessível para mim, escondida nas profundezas da minha carne, cega como um recém-nascido de um dia. É o limiar onde começa o silêncio" (Duras, 1986, p. 30). Em uma entrevista realizada em 1990,[6] ao falar sobre seu romance *Barragem contra o Pacífico* (1950/2003), Duras revela sentir somente ternura pela referida obra, porque, para ela, não se trata de literatura. "Foi muito perto de mim. Eu não poderia mentir sobre a minha mãe. Eu poderia mentir sobre o meu amigo, mas não sobre o meu irmão mais novo" (Duras *apud* Armel, 1990).

No entanto, se para nós é difícil verificar a precisão dos fatos, de qualquer forma e independentemente dos detalhes, somos levados pelo silêncio, pelas sensações e pela respiração daquilo que se transfigura da história e que evoca o passado biográfico da escritora. *Barragem contra o Pacífico* (1950/2003) é o romance familiar de Duras.

O enredo é centrado em uma personagem denominada apenas de mãe que, ainda jovem, deixa a França para trabalhar como professora na Indochina. Naquele país, casa-se e tem dois filhos: Suzanne e Joseph. Suzanne é a personagem que representa Marguerite Duras e seu irmão torna-se Joseph. Viúva, a mãe tenta desesperadamente garantir a sobrevivência de sua família, por meio de um projeto absurdo e fadado ao fracasso: construir uma barragem contra o mar para impedir que as águas inundem as terras que havia comprado com toda a sua economia de anos de trabalho como professora. As barragens sucumbem à força das águas, mas a mãe as reconstrói incansavelmente. Suzanne e Joseph vivem com a mãe em um bangalô, em terras incultiváveis

[6] ARMEL, Aliette. *Marguerite Duras et l'autobiographie*. Paris, Le Castor Astral, 1990.

que poderiam ser, a qualquer momento, retomadas pela administração colonial.

> Desde o primeiro ano, ela cultivou metade da concessão. Esperava que a primeira colheita bastasse para pagar grande parte dos gastos da construção do bangalô. Mas a maré de julho subiu, tomou-os de assalto e inundou a colheita. Pensando ter sido apenas vítima de uma maré particularmente forte, e apesar das pessoas da planície que tentavam dissuadi-la, no ano seguinte a mãe recomeçou. O mar subiu de novo. Então teve de admitir a realidade: sua concessão era incultivável. (Duras, 1950/2003, p. 22)

Barragem contra o Pacifico é narrado em terceira pessoa. Há momentos em que o ponto de vista é de Joseph; outros, bem mais frequentes, nos quais quem narra é Suzanne, e ainda outros, mais raros, em que o ponto de vista é da mãe:

> A mãe por sua vez olhou para a filha. À luz elétrica, suas pintas apareciam menos do que à luz do dia. Era com certeza uma bela moça, tinha os olhos luminosos, arrogantes, era jovem, estava no auge da adolescência, e não era tímida. (Duras, 1950/2003, p. 40-41)

Moça bonita de dezessete anos, Suzanne descobre o seu corpo e o poder de sua beleza: "E acima da cidade aterrorizadora, Suzanne via seus seios, viu a ereção de seus seios mais alta do que tudo o que se erigia na cidade [...]. Olhava solitariamente o seu império, onde reinariam seus seios, sua cintura, suas pernas" (Duras, 1950/2003, p. 220). Suzanne congratulava-se com esta ideia – reinar por meio de sua beleza jovem –, pois, assim, poderia ter o mundo do qual, até então, sentia-se excluída. Contudo, Suzanne não esperava pelo amor ou pela descoberta do prazer; parecia não sentir desejo algum pelos homens, apenas aceitava que cobiçassem seu corpo, apenas aceitava receber seus olhares, sempre substituídos por novos olhares.

"Foi assim que no momento em que ela ia abrir e se deixar ver pelo mundo, que o mundo a prostituiu" (Duras, 1950/2003, p. 71). Suzanne não conseguiu escapar livremente ao oferecer a sua nudez ao M. Jo; de alguma forma, ela sucumbe a esse rico chinês descrito como estrangeiro, estranho, uma figura desprezível que se apaixona por Suzanne e que tenta seduzi-la. Somente o carro e o anel de diamante de M. Jo, apresentados no romance como signos de sua posição social privilegiada, são desejáveis para Suzanne. O diamante tinha uma realidade à parte. Sua importância não estava nem em seu brilho, nem em sua beleza, mas em sua possibilidade de troca, associada à ideia de prostituição, sobretudo no momento em que M. Jo promete a Suzanne que, caso aceite fazer uma pequena viagem em sua companhia, será presenteada com o diamante. Suzanne se recusa a se entregar para ele, reduzindo a sua intimidade a um simples olhar, provocando-lhe o desejo remunerado – como na cena do banho, quando M. Jo insiste para que Suzanne deixe a porta aberta a fim de que o olhar dele penetre e possibilite vê-la brilhar: assim, toda nua.

Suzanne, enfim, recebe de M. Jo o diamante e o entrega à mãe. A joia era um objeto intermediário entre o passado e o futuro, e o futuro passa, efetivamente, a se mostrar luminoso. A personagem materna, descrita como um monstro, uma louca obstinada por projetos fracassados, decide que o casamento de sua filha com M. Jo é a única possiblidade de salvar sua família do fracasso financeiro. A mãe admite: "O casamento era necessário" (Duras, 1950/2003, p. 120). "A prova disso é que a única solução para mim é casar minha filha com esse fracassado" (Duras, 1950/2003, p. 89).

A segunda parte do romance se passa entre a miséria e a opulência da colônia francesa, para onde se mudam Suzanne e a mãe. Essa última, obstinada em seu fracasso, persiste na dupla esperança de casar a filha e vender o diamante pelo melhor preço do mercado. Suzanne, então, conhece Carmen, dona do Hotel Central – uma espécie de bordel –, que lhes oferece amizade e hospedagem em um quarto tranquilo. Carmen, "uma verdadeira filha da puta, feita com as chegadas e partidas incessantes de seus companheiros" (Duras, 1950/2003, p. 170), já conhecia bem a mãe, a história das barragens e da concessão, e passa, então, a se encarregar fervorosamente dos cuidados com Suzanne. Era preciso, antes de tudo, Carmen repetia, que Suzanne soubesse deixar a mãe, já que essa mãe "não podia compreender que na vida podia-se ganhar a liberdade e a dignidade com armas diferentes daquelas que ela acreditava serem boas" (Duras, 1950/2003, p. 179).

Carmen penteava e vestia Suzanne, dava dinheiro a ela, além de aconselhá-la a andar pela cidade. Embora não compreendesse muito bem os ensinamentos de Carmen, Suzanne sentia-se orgulhosa ao perceber que Carmen se interessava por ela. Porém, quanto mais Suzanne avançava pelos bairros da aristocracia branca, "mais se persuadia de que era escandalosa, um objeto de feiúra e de tolices integrais" (Duras, 1950/2003, p. 182). Capturada pela insistência dos olhares cravados sobre ela e pela sonoridade dos risos que só aumentavam por onde passava, Suzanne só desejava cair morta, escorrer pela sarjeta e se desfazer de tudo: do vestido curto e apertado do Hotel Central, daqueles cabelos. Mas isso ainda era pouco, era nada.

> Era ela, ela que era desprezada dos pés à cabeça. Por causa dos seus olhos, onde jogá-los? Por causa de seus braços de chumbo, aqueles lixos, por causa de

> seu coração, um animal indecente, daquelas pernas incapazes. E que carrega uma bolsa daquelas na mão, uma bolsa velha dela, daquela canalha, minha mãe, ah! Que ela morra! Teve vontade de jogá-la na sarjeta, por aquilo que tinha dentro dela... Mas não se joga uma bolsa na sarjeta. (Duras, 1950/2003, p. 183)

O diamante e Suzanne, enquanto objetos oferecidos e negociados à mercê da vontade de todos, passam a se equivaler a objetos de troca, objetos de circulação. A cada passo dado nessa direção, e a cada oferta recusada, diminuíam consideravelmente os seus valores de troca. A mancha reluzente do diamante impuro traduz a imagem do corpo de Suzanne – desprezado, objeto dejeto, perfurando a existência da mãe, agente da negociação, tanto da venda do diamante quanto das obstinadas tentativas de casar Suzanne. A mãe, entregue a seu vício de mendigar o impossível, tornara-se uma desesperada da própria esperança. "Essa esperança a tinha desgastado, destruído, esvaziado a tal ponto que seu sono, que a repousava dela, e até mesmo a morte, parecia que já não podiam ultrapassá-la" (Duras, 1950/2003, p. 137).

Para Suzanne, tudo o que ela passava "era vergonhoso demais ou precioso demais, em todo caso impossível de ser dito" (Duras, 1950/2003, p. 196-197).

> De tanto ver filmes, tanta gente se amar, tantas partidas, tantos abraços, tantos abraços definitivos, tantas soluções, tanto e tanto, tanta predestinação, tantos abandonos cruéis, mas inevitáveis, fatais, Suzanne já queria abandonar a mãe. (Duras, 1950/2003, p. 198)

Foi assim que, silenciosamente, Suzanne decidiu que era inevitável erguer uma barragem entre si mesma e a mãe, e que, para extrair alguma coisa do mundo, ela deveria usar seus próprios meios. E não havia outra forma, outro lugar, outra maneira possível que não fosse a de se ligar a um homem como mero instrumento de partida. Vestida com seu melhor vestido, de um azul vivo que se via de longe, Suzanne foi se sentar perto da ponte, onde os caçadores passavam e, ali, compreendeu que estava realizando um ato de grande importância, talvez o mais importante da sua vida. "Contudo, não mais do que antes os carros não pararam diante daquela moça de vestido azul, vestido de puta. Suzanne tentou três dias, depois, na noite do terceiro dia, ela o jogou no canal" (Duras, 1950/2003, p. 312). Suzanne deixou, enfim, de esperar tolamente por carros de caçadores, de ter sonhos vazios.

O casamento não significava liberdade. Casando-se, Suzanne seria submissa a um homem e condenada a viver na planície. O celibato, ao contrário, possibilitava sua independência. Mas é a morte da mãe que decide sua partida. Suzanne parte com Joseph e sua amante.

Em *Barragem contra o Pacífico*, a mãe é a figura central do livro desde o início do texto. De posse de uma concessão podre que o mar inundava, a mãe é amante da terra, essa terra selvagem e protetora, que ela não deixa de amar mesmo após a destruição das barragens. A mãe tinha também a força da maré, indomável, cujo fluxo alternado entre alto e baixo convertia-se em seu mistério: arrebatadora e mortificada, santa e profana, amada e odiada, um monstro com um poderoso encanto.

Em entrevista concedida a Bernard Pivot (1984), Duras revela: "Impossível odiá-la, minha mãe amava a vida. [...] Me custa muito falar disso. [...] Só sabe quem teve esse paraíso: uma mãe, a miséria, amor, injustiça e horror. [...] Há uma relação de amor e ódio, tudo misturado" (Duras *apud* Pivot, 1984). Essa experiência primordial de amor e ódio concerne ao laço muito singular entre a menina e a mãe. Duras era apaixonada por sua mãe.

A devastação é a prova eficaz que faz cair por terra a crença ou a suposição de que a mãe possui "um princípio de escritura de sua feminilidade" (Suárez, 2006, s/p.) passível de ser transmitido à filha.

> A experiência da mãe para se tornar mulher nunca poderá ser transmitida à sua filha porque a mãe não pode transmitir o Um da exceção que fundaria, para a filha, o todo da feminilidade. [...] No entanto, a mãe não pode transmitir a filha mais do que os signos de sua própria exclusão. Sua exclusão de palavras, sua exclusão da linguagem, exclusão que é a própria feminilidade, exclusão da qual a mãe leva as marcas em seu corpo, enquanto corpo de mulher. (Suárez, 2006, s/p)

Sob este impossível de ser transmitido aloja-se a "identidade de natureza indecisa", à qual Duras se refere como a impossibilidade de construir uma experiência de equiparação e de identificação ao feminino materno. Em *Barragem contra o Pacífico*, Suzanne, ao vestir o seu vestido de puta e ir ao encontro de um homem, não comete apenas um ato de transgressão, mas também de compensação. Trata-se de uma maneira de preencher um vazio que vislumbrava na mãe que, dividida entre a família e o trabalho, viu "sua juventude bater em suas têmporas como um pássaro engaiolado" (Duras, 1950/2003, p. 83). Essa mãe que entregara o seu próprio corpo em sacrifício, que nunca mais fizera amor desde que o marido morrera, não favorece a construção de um corpo. O ato de Suzanne é uma tentativa de resgatar em seu corpo o corpo da mãe – figura seca e carcomida, cujas roupas recobrem um corpo que não há –, de resgatá-lo, trazê-lo de volta à vida e ao olhar do outro.

> Ela parecia cansada. Usava um daqueles vestidos indescritíveis, sem forma que começava a usar, espécies

> de robes muito largos, no qual flutuava como uma pobre coitada. Pela primeira vez desde o desabamento das barragens, tinha se penteado, e sua trança grisalha bem apertada, amarrada na extremidade por um elástico, lhe pendia nas costas, ingênua e risivelmente. (Duras, 1950/2003, p. 302)

Assim, os momentos do encontro amoroso, quando Suzanne surge como um objeto de desejo, também são momentos marcados pela interdição, na medida em que o corpo de Suzanne leva as marcas metonímicas da mãe: seu silêncio, seu chicote, seu grito contido ecoando no vazio do deserto. Suzanne se vê privada de apropriar-se falicamente de seu corpo e impossibilitada de amar, tal como a descrição de uma cena de filme que a personagem nos relata:

> Ele diz eu te amo. Ela diz eu também te amo. O céu escuro da espera se ilumina de repente. [...] Os corpos deles se enlaçam. Suas bocas se aproximam, com a lentidão de um pesadelo. Assim que estão perto de se beijar, são mutilados do corpo. Então, em suas cabeças decapitadas, vê-se o que não se poderia ver, seus lábios se entreabrir, se entreabrir mais, seus maxilares se desfazerem como na morte e em um relaxamento brusco e fatal das cabeças, seus lábios se juntar como polvos, se esmagar, tentar em um delírio de famintos comer, se fazer desaparecer até a absorção recíproca e total. Ideal impossível, absurdo, ao qual a conformação dos órgãos, evidentemente não se presta. (Duras, 1950/2003, p. 185)

Em *O Seminário, livro 8: a transferência* (1960-1961/1992), Lacan afirma: "A imagem especular tem, certamente, uma face de investimento, mas também uma face de defesa. É uma barragem contra o Pacífico do amor materno" (Lacan, 1960-1961/1992, p. 378). Lacan nos diz que o falo se coloca no lugar deste dique, porém, no caso das mulheres, o falo nunca chega a se constituir como defesa contra a devastação materna. Ao mesmo tempo que a imagem fálica é necessária para que o corpo de uma mulher possa ter um suporte, por outro lado, na maioria das vezes, o ódio decorrente da relação mãe-filha vem acompanhado de paixão, de uma dependência que aniquila e de um resto pulsional não mediatizado pelo significante falo.

Sirvo-me de uma vinheta cujo real clínico nos ensina sobre o modo singular que o sujeito encontra para lidar com as fixações e sequelas derivadas do laço pré-edípico com a mãe, que resultam, muitas vezes, em difíceis soluções.

Maria tem pouco mais de cinquenta anos, é casada, com filhos. Ao lado de uma história de vida com muitas realizações, Maria diz ter uma história da qual se envergonha: é alcoólatra.

Seu pai era fazendeiro, tinha um alambique e fabricava cachaça. Maria começou a beber quando pequena. Levava a comida para o pai e para os seus empregados que ficavam no campo e, no meio do caminho, abria o cantil e bebia cachaça, sempre escondido. Assim se deu a sua lenta e irremediável caminhada em direção ao álcool. Nunca mais parou.

Seu pai, alcoólatra, sempre fora uma pessoa maravilhosa. Carinhoso, dócil, muito envolvido com a família, sempre teve adoração por Maria. Ao contrário de sua mãe, que sempre fora muito dura e ríspida com ela. Maria se lembra de uma vez em que, ainda pequena, adoecera e seu pai insistiu com sua mãe para que a levassem até a cidade em busca de tratamento. Maria, então, escutou a mãe dizer: "bobagem, se morrer, é um filho a menos para cuidar".

Com relação à sua rotina atual, Maria a define como uma vida alegre, de trabalho e rodeada pelos amigos e filhos. Contudo, todas as noites a cena se repete: Maria se esconde, bebe, e se envergonha de si mesma.

Após uma noite em que havia se embriagado e causado muitos problemas aos filhos, Maria achou melhor pôr fim a todo aquele sofrimento. Ingeriu uma grande quantidade de comprimidos com álcool e foi se deitar: sentiu uma felicidade inexplicável percorrendo todo o seu corpo. No dia seguinte, acordou hospitalizada.

A questão do amor é introduzida para cada sujeito pelo pai. O pai acalma o desejo da mãe, apazigua a voracidade do crocodilo, pronto para devorar a criança. Contudo, em *O Seminário, livro 5*, Lacan afirma: "O amor do pai pela mãe revela sua impotência, sua fragilidade perante a mãe" (Lacan, 1957-1958, p. 216).

Assim, a partir de comentários de casos clínicos de devastação desenvolvidos por Marie-Hélène Brousse (2004), é possível observar que, nesses casos, a função paterna demonstra não operar nenhum apaziguamento. Dessa maneira, o pai se manifesta a serviço do capricho materno e não como agente de sua privação. O traço que caracteriza o pai é sempre a impotência. No caso da menina, não são raros os sentimentos de desconfiança, de descrença e até de estranheza que uma mulher pode experimentar em face dessa impotência paterna (Brousse, 2004).

Para Brousse, "a devastação se articula à maneira particular pela qual a linguagem despontou em um sujeito" (Brousse, 2004, p. 61-62). O insulto, a rejeição e o silêncio são alguns desses modos de emergência da linguagem. "Em todas essas ocorrências, a fala do Outro materno está associada à descoberta de uma experiência de gozo" (Brousse, 2004, p. 62). Embora diversos, eles apresentam para o sujeito a necessidade de uma decisão mortal: a rejeição ou a reintegração do seu produto pela genitora (Brousse, 2004).

O amor ao pai, de um lado, e a mágoa pela mãe, de outro, mantêm-se como paixão estranha na existência de Maria, e a combinação desses dois afetos produz uma *hainamoration* feita de ódio (*haine*) e de amor (Lacan, 1972-1973/2008, p. 97). Essa parece ser a história de Maria com o álcool: um caso de "amódio".

Mas a violência que nasce na devastação não é uma agressividade de rivalidade, de um duelo; não se inscreve em uma regra de troca, de negociação ou de contrato. Tal violência é problemática. Ela diz respeito a um ódio não sabido presente na demanda de amor, que não se conclui em ato (Lessana, 2010, p. 398).[7] É nesse ponto que a demanda tende ao infinito.

Se uma mulher não faz essa travessia pela devastação, seja em uma análise ou, no caso de Duras, a partir da escrita; se não se separa e rompe com esse desdobramento, não poderá aceder à sua posição feminina. Assim, Lessana nos diz: "é preciso atravessar a prova da devastação para ter acesso ao saber dessa experiência" (Lessana, 2000, p. 402).[8] Ela continua: "Trata-se de um fazer que opere uma separação, sem substituição, sem resto, sem contabilidade, sem transmissão, sem negociação, sem troca, sem condição: é uma deserção" (Lessana, 2000, p. 400).[9]

Sabemos da relação que Marguerite Duras teve com o álcool. Para a escritora, o álcool teve uma dupla função: de limite e de devastação. "O álcool desempenhou a função

[7] *Mais la violence qui se fait jour dans le ravage n'est pas une agressivté de rivalité, ce n'est pas celle d'un duel, elle ne s'inscrit pas dans une règle d'échange, de négociation, ni de contrat. Elle est problématique. Elle relève de la haine insue, présente dans la demande d'amour qui ne se conclut pas en acte.* Tradução de Leonardo Assis.

[8] *Il faut traverser l'épreuve du ravage pour accéder au savoir de cette expérience.* Tradução de Leonardo Assis.

[9] *Il s'agit d'un faire qui opère un détachement sans substitution, sans reste, sans comptablité, sans transmission, sans négociation, sans échange, sans condition: c'est une desertion.* Tradução de Leonardo Assis.

que Deus não exerceu, também a função de me matar, de matar" (Duras, 1984/1986, p. 13). Nesse ponto, a história de cada uma dessas duas mulheres parece se encontrar.

Em *A vida material* (1987/1989), Duras afirma que viveu só com álcool durante verões inteiros em sua casa de *Neauphle*: "Jamais estive onde estaria à vontade, sempre estive a reboque, em busca de um lugar, de um emprego do tempo, jamais me encontrei onde queria estar, exceto em *Neauphle*, durante certos verões, numa certa tristeza feliz" (Duras, 1987/1989, p. 9). Nesse lugar, onde não há mais nada a perder, a solidão, o álcool e a escrita se conjugam: "Essa real solidão do corpo transforma-se na outra, inviolável, a solidão da escrita" (Duras, 1993/2010, p. 17).

Afastada do mundo, a escritora bebe para esquecer o insuportável. Se, por um lado, a mãe de Duras era devastadora, por outro, também lhe transmitiu obstinação, ambas as coisas vieram dessa mãe. Por isso, em Duras, a devastação coexiste com a capacidade de obstinar e, não só se obstinar em escrever, mas se obstinar em amar. A mãe é o terreno selvagem que marca a vida, o corpo e a escrita, aquela que provoca em Duras o desejo de escrever, aquela que faz escrever: "A escrita vem como o vento, nua, é de tinta, a escrita, e passa como nada mais passa na vida, nada exceto ela, a vida. [...] Ela me consola de todas as dores da infância" (Duras, 1993/2010, p. 56).

Duras seguiu escrevendo, seguiu tendo amantes, seguiu bebendo, seguiu vivendo:

> Se eu não tivesse escrito, teria me tornado uma alcoólatra incurável. Trata-se de um estado prático, achar-se perdido sem poder mais escrever... É aí que se bebe. A partir do momento em que se está perdido e que não se tem mais o que escrever, mais o que perder, aí é que se escreve. (Duras, 1993/2010, p. 24)

Com efeito, em *Boas falas* (1974), Marguerite Duras afirma: "Sei que o lugar onde isso se escreve, onde escrevemos... eu, quando isso me acontece... é um lugar onde a respiração é rarefeita, há uma diminuição da acuidade sensorial. Não se escuta tudo, mas apenas certas coisas [...]" (Duras, 1974, p. 12). É nesse lugar que procede da feminilidade que Duras dá voz ao "direito de dizer, absolutamente ignorado pelas mulheres", ou seja, diante do impossível de dizer, Duras escreve.

Tanto o amor quanto o tornar-se mulher são essenciais na obra de Duras, "criar um espaço indescritível, transformar diretamente o evento experiente, e destruí-lo" (Lessana, 2000, p. 291). Em *A vida material* (1987/1989), Duras capta um ponto da não relação sexual: "O lugar onde o imaginário é mais intenso é entre o homem e a mulher [...]. Na heterossexualidade não há solução. O homem e a mulher são irreconciliáveis, e é essa tentativa impossível e renovada a cada amor que faz sua grandeza" (Duras, 1987/1989, p. 36-37).

Como localizar isso que poderíamos chamar de soluções singulares dessas duas mulheres, arrebatadas pelo álcool, quanto ao real que afeta a posição feminina?

No caso de Duras, a escritora responde: pode-se fazer algo com essa dor, pode-se escrever. No caso de Maria, faz-se uma aposta: pode-se fazer análise, pode-se inventar um nome para este real indizível que lhe afeta.

3.2. Uma terra aberta ao mar

Em *O Seminário, livro 23*, Lacan retoma o termo *devastação* ao fazer referência à devastação ligada ao campo amoroso. Lacan afirma que, "se uma mulher é um sinthoma para todo homem [...], o homem é para a mulher tudo o que quiserem, a saber, uma aflição pior que um sinthoma, [...] trata-se mesmo de uma devastação" (LACAN, 1975-1976/2007, p. 98).

Como conectar a devastação da relação mãe-filha com o que Lacan apresenta como a devastação das mulheres na relação com os homens?

Em seu artigo sobre a "Sexualidade feminina" (1931), Freud já havia antecipado essa ideia ao dizer que o vínculo mãe-filha é tão intenso que determina, na maioria das vezes, as diretrizes das relações amorosas posteriores da menina. A mulher pode escolher um parceiro que seja "herdeiro do relacionamento dela com a mãe" (FREUD, 1931/1976, p. 265). A reinvindicação fálica da menina em relação à mãe – mãe essa que a menina condena por não ter-lhe dado o que deveria dar –, que tem origem na fase pré-edípica, é o que torna compatível, segundo Freud, a devastação materna com a devastação pelo homem. Entretanto, tratar-se-ia somente da reinvindicação fálica o que está em questão na relação das mulheres com os homens?

Para pensar a diferença e a relação entre os sexos, Freud recorre à lógica fálica do *ter* ou *não ter*, sendo que, do lado masculino, encontra-se o *ter* (o falo), e, do lado feminino, o *não ter* (o falo). Lacan deslocou a questão das relações entre os sexos em direção a um (não) *ter* e um (não) *ser*. Ao dizer que as mulheres, quando querem ter o falo é para, de fato, ser o falo, Lacan não estava contradizendo Freud, mas sim dando um passo adiante. Posteriormente, Lacan deslocaria tais questões para o campo do gozo.

Em "O Aturdito" (1972), Lacan situa a diferença entre os sexos ainda em consonância com as possíveis soluções ligadas ao significante fálico: "não há nenhum exagero, no que concerne ao que a experiência nos oferece, em situar a questão central do *ser* ou do *ter* o falo a função que supre a relação sexual" (Lacan, 1972/2003, p. 457). Isso seria uma versão, um tratamento lógico da diferença sexual em que prevaleceria a incompletude, ou seja, um tem (o falo) e o outro não tem (o falo). Se o homem tem o falo, isso é justamente o que a mulher buscará no corpo do homem. A mulher, por sua vez, é o falo e encontrará aí uma solução para a incompletude. Porém, sem dúvida, essa solução continua sendo prisioneira do registro fálico. A partir de *O Seminário, livro 20*, o feminino está mais além dessa solução cuja referência é o universo fálico. Uma coisa é conceber um conjunto como incompleto e, outra, é pensar que o conjunto permanece aberto, já que não há uma exceção que o constitua como categoria universal, uma abertura que se aproxima do ilimitado.

Geneviève Morel (1999) nos chama atenção para o fato de que "O Aturdito" – texto escrito em 1972 – é contemporâneo às fórmulas da sexuação, mas que, mesmo assim, ali, Lacan segue em consonância com o que havia dito sobre o feminino em 1958, reconhecendo que os semblantes fálicos no homem e na mulher são dois modos de fazer suplência ao furo sexual do ser falante. Morel se pergunta sobre as razões que levaram Lacan a redefinir o falo e a relação entre os sexos com suas fórmulas da sexuação. Por que introduzir algo "a mais" se já havia um meio de responder a essas questões?

Morel localiza três razões principais:

1. O falo não é um significante como os outros, e ser fálico não pode ser considerado como mais uma identificação. "Ser o falo não é como ser louro, ser negro, pois o falo não pode ser considerado com um atributo" (Morel, 1999, p. 10).
2. A especificidade do falo está ligada à sua relação universal com o gozo. "Podemos definir esse conjun-

to como todos aqueles que, como o pequeno Hans, acreditaram, em algum momento que todo mundo tem o falo". Diante do complexo de castração que, habitualmente, pode ser considerado como uma negatividade, uma limitação, Lacan introduz um novo ponto de vista: o sujeito goza de sua castração. "A castração define um gozo particular para o sujeito" (Morel, 1999, p. 12).

3. O sujeito não é aquele que é ou acredita *ser*, nem aquele que tem ou acredita *ter*. "É por isso que acreditar que se é homem ou se é mulher, dizer 'eu sou homem' ou 'eu sou mulher' [...] não diz muita coisa sobre a sexuação do sujeito" (Morel, 1999, p. 12).

A castração e as identificações edípicas são suficientes para definir o homem, porém, em relação à mulher, é preciso ir mais além da lógica fálica. Tal formulação não quer dizer que a mulher não esteja referida ao falo, mas sim que ela é não-toda inscrita na ordem fálica. Nesse momento, a referência passa a ser o gozo, a incidência da castração por intermédio do significante fálico e do objeto *a*, localizado fora do corpo, e o modo como cada um dos sexos irá se inscrever em relação à função fálica.

As fórmulas da sexuação são divididas em um quadro que possui dois lados: "a parte dita homem" e a "parte dita mulher", de forma que são as únicas definições possíveis para quem quer que se encontre na posição de habitar a linguagem, sem necessariamente coincidir o sexo masculino com a parte homem e o sexo feminino com a parte mulher: "A todo ser falante, como se formula expressamente na teoria freudiana, é permitido, qualquer que ele seja, quer ele seja ou não provido dos atributos da masculinidade – atributos que restam a determinar – inscrever-se nesta parte" (Lacan, 1972-1973/2008, p. 86).

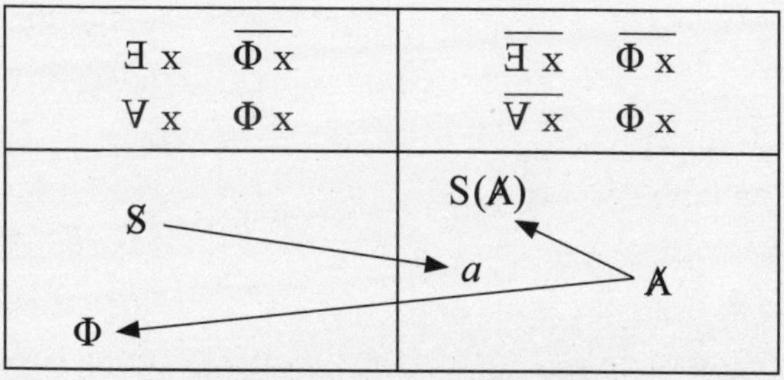

Figura 1. Quadro da sexuação
(Lacan, 1972-1973/2008, p. 84).

É pela lógica fálica que o homem como "todo" está inscrito, e, por outro lado, a mulher está "não-toda" submetida à logica fálica.

O que significa os homens serem totalmente regidos pela lógica fálica? Significa que, do lado homem, todos os homens são submetidos à castração, à lei do Édipo e, nesse sentido, podem formar um conjunto. No entanto, pelo fato de não haver regra sem exceção, a função fálica encontra seu limite na existência de "ao menos um" que não está submetido a essa função. Isso quer dizer que todo o gozo masculino responde à articulação da função fálica, porque existe Um que se inscreve como exceção. É o que permite agrupar o conjunto dos homens a partir da identificação de um traço em comum, por exemplo, o todo do Exército, o todo da equipe de futebol, o todo da banda de música.

Do lado homem, Lacan inscreve os símbolos $\$$ e o falo simbólico (Φ), que é um significante que se apresenta como suporte do sujeito inconsciente ($\$$), e que se encarna também como significante privilegiado, que não tem significado, e que "quanto ao seu sentido, simboliza seu fracasso" (Lacan, 1972-1973/2008, p. 86).

O fracasso a que Lacan refere-se relaciona-se à função fálica, pois um sexo não se relaciona diretamente com o Outro sexo, apesar das setas que cruzam os dois lados. Essa seria uma das maneiras de dizer que "não existe relação sexual".

A flecha que sai de $\$$ em direção ao objeto *a*, inscrito do outro lado da barra, indica que o homem só tem acesso à mulher por intermédio dela ser a causa de seu desejo. A fantasia é o modo de articular os dois modos de falta, na ordem do *ser* e do gozo, que constituem o *ser* como sujeito da linguagem e que o levam a incluir uma mulher como objeto de seu fantasma. "A este título, como o indica alhures em meus gráficos, a conjunção apontada desse $\$$ e desse *a*, isto não é outra coisa senão fantasia" (Lacan, 1972-1973/2008, p. 86).

O que significa as mulheres não serem totalmente regidas pela lógica fálica?

O lado mulher das fórmulas da sexuação indica que não há exceção à função fálica, ou seja, não há nenhuma mulher que escape da castração: todas são castradas, sem exceção. Em "A lógica na direção da cura psicanalítica" (1994), Miller esclarece que, do lado feminino, não há possibilidade de formar o todo. Não existe a exceção que engendra um como limite do todo, portanto, estamos diante de um infinito não-totalizado. O não-todo lacaniano não deve se confundir com o não-todo da incompletude. É um não-todo indecidível, em que os sujeitos aí inscritos têm e não têm referência ao falo. A consequência disso é que a lógica do não-todo se caracteriza pelo ilimitado, pela ausência de exceção. "Isso responde à posição feminina, elas não são todas ou ainda nenhuma é toda" (Miller, 1994, p. 75).

Os termos localizados abaixo das fórmulas da sexuação do lado mulher são o *a*, o significante barrado ($\not{A}$) e o significante que marca o Outro como barrado, S($\not{A}$). Esse $\not{A}$ significa que só se pode escrever a mulher barrando-se o $\not{A}$: "Não há *A* mulher" (Lacan, 1972-1973/2008, p. 79). Se, do lado masculino, há um significante único, falo simbólico

(Φ) que possibilita alguma designação fálica, o lado feminino não tem este significante, o que resulta em uma falta de significação e em uma impossibilidade de identificação ou designação mínima. Para Lacan:

> [...] quando um ser falante qualquer se alinha sob a bandeira das mulheres, isto se dá a partir de que ele se funda por ser não-todo a se situar na função fálica. É isso que define a... a o quê? – a mulher justamente, só que *A* mulher, isto só se pode escrever barrando-se o *A*. Não há *A* mulher artigo definido para designar o universal. Não há *A* mulher pois – já arrisquei o termo, e por que olharia eu para isso duas vezes? – por sua essência ela não é toda. (Lacan, 1972-1973/2008, p. 78-79)

A mulher então se duplica. As flechas que saem do $\not{A}$ direcionam-se para dois elementos: no lado masculino, para o falo simbólico (Φ). Isso quer dizer que uma mulher, ao se direcionar para o lado masculino, buscará o significante fálico no corpo do homem, o que está formulado desde "A significação do falo", texto de Lacan de 1958. A diferença significativa nessa concepção é introduzida no momento em que se formula que, em relação à função fálica, a mulher tem uma relação suplementar que pode ser observada na flecha que sai do $\not{A}$ em direção ao S($\not{A}$). A relação do sujeito feminino, $\not{A}$, com o significante do Outro barrado, S($\not{A}$), diz respeito à falta de significação do sexo feminino. Essa duplicação de flechas implica que, por um lado, a mulher é não-toda e, por outro, compartilha com os homens a função fálica e o gozo fálico. Mas a outra flecha nos demonstra que as mulheres experimentam um gozo mais além do falo, que não está sob a égide do significante, um gozo impossível de se circunscrever e "do qual a mulher nada sabe, simplesmente ela o experimenta" (Lacan, 1972-1973/2008, p. 101).

Nas fórmulas da sexuação, pode se verificar que o gozo feminino, suplementar, não toca o objeto *a*. É um gozo Outro, que se produz no corpo, não é experimentado no corpo como próprio, como possessão, mas como uma exterioridade que não faz desse corpo um todo, uma unidade. O que Lacan valoriza na sexuação feminina é exatamente o aspecto deste "gozo louco e enigmático" que faz do Outro, S(Ⱥ), seu objeto (Miller, 2011, p. 231). Convém esclarecer que, embora haja uma identificação masculina que dá consistência ao homem, o ser falante é não-todo e o lado feminino das fórmulas da sexuação também lhe concerne.

O gozo não-todo, dito suplementar, não é um gozo identificatório, pelo contrário, é, sim, o inverso do gozo fálico, pois esse tem uma relação com a identidade. O gozo fálico tem função de sujeito, tal como Lacan faz referência em "O Aturdito": "basta-se que o assunto 'eu' e o assunto 'falo' articulem-se na linguagem, para eles se tornarem assunto do sujeito" (Lacan, 1972/2003, p. 457). O gozo fálico "representa o sujeito no campo do gozo e funciona como *performance*: contabiliza-se, vangloria-se, exibe-se: dele faz competição" (Soler, 1995, p. 160). Já o gozo não-todo, para além do falo, de acordo com Miller, é o gozo Outro, "que se manifesta que é o próprio corpo feminino que, no gozo, é outrificado" (Miller, 2015, p. 92-93).

O não-todo aponta para o falo cuja presença é da ordem da contingência, ou seja, ele *cessa de não se escrever.* Em "O Aturdito" (1972), Lacan afirma que, no caso da mulher, a castração não é obstáculo no qual ela necessariamente deve esbarrar. Contudo, seria muito recomendável que a mulher passasse por ela. Em se tratando da castração, a ideia freudiana é a de que a mulher se movimenta como peixe n'água. Quando, no entanto, sai em busca de mais substância para o seu ser, para além do falo, a mulher se encontra face a face à tormenta do oceano, o que, muitas vezes, pode lhe retornar sob a forma de devastação.

Em seu seminário *La fuga del sentido* (2012), Miller irá relacionar o gozo fálico ao gozo com substância. A princípio, toda substância vem do falo. Entretanto, de acordo com a leitura que Miller faz de *O Seminário, livro 20*, de Lacan, o gozo como substância não convém como tal à relação sexual, pois não faz laço com o Outro, não é signo do amor.

Em *O Seminário, livro 20*, Lacan destaca a função do amor com uma suplência à inexistência da relação sexual, que assegura um laço entre os parceiros, cumprindo a função de velar o impossível que então *cessa de não se escrever.*

Entre homem e mulher, há um muro. Apesar disso, sempre haverá encontros entre eles, sobretudo contingentes, e, certamente, futuros amantes continuarão se encontrando, se inventando e se revelando no "eco de antigas palavras, fragmentos de cartas, poemas, mentiras, retratos, vestígios de estranha civilização".[10]

Depois disso, citando Lacan, "para endereçá-los, não me resta mais senão lhes falar do amor" (Lacan, 1972-1973/2008, p. 87).

3.3. O exílio do gozo

Lacan, em *O Seminário, livro 20*, define o amor como "o encontro, no parceiro, dos sintomas, dos afetos, de tudo que em cada um marca o traço do seu exílio, não como sujeito, mas como falante, do seu exílio da relação sexual" (Lacan, 1972-1973/2008, p. 156).

[10] BUARQUE, Chico. (1993). Futuros Amantes [LP]. In: *Paratodos* (*Faixa 9*, 3'31"). Rio de Janeiro: RCA/BMG.

Para o ser falante, há uma ausência de saber no real que diga respeito à sexualidade e que, assim, possa fazer prescrições ao sujeito em relação ao parceiro. O que há é um ser às voltas com seu sintoma, com a fantasia que o sustenta e com sua forma de satisfação de gozo. Paradoxalmente, porém, é a crença nessa ilusão que perpetua a própria inexistência da relação sexual, pois o sujeito está constantemente em busca de um parceiro e permanentemente exilado em seu próprio gozo.

Os encontros entre homens e mulheres envolvem uma série de parcerias que já estão presentes desde Freud em seu texto "Introdução ao Narcisismo" (1914), que trata, sobretudo, das escolhas dos objetos amorosos e do modo como homens e mulheres traçam os caminhos que os conduzem à eleição de seus parceiros.

Na teoria freudiana, a vida amorosa constitui-se como uma via de acesso possuidora de dois tipos de fixação em relação ao parceiro amoroso, circunscritos por Freud: o tipo narcísico e o tipo anaclítico.

No tipo narcísico, ama-se no outro aquilo que se é ou aquilo que se gostaria de ser; já no tipo anaclítico, ama-se no parceiro o apoio que ele dá: a mulher que nutre ou o homem que protege, ou seja, a reprodução do que foi a relação do sujeito com os pais.

Em Lacan, a investigação recai sobre uma longa série de parcerias que ele irá descrever no decorrer do seu ensino.

Inicialmente, tem-se o parceiro da demanda, que está presente em *O Seminário, livro 4*. O sujeito dirige-se ao parceiro do qual exige algo de concreto. A demanda liga-se àquele que responde. Essa resposta consiste em dar aquilo que foi demandado. Diferentemente do parceiro do amor, do qual não se demanda nada – somente um signo que equivale a um dom e a um reconhecimento. É uma forma de pensar o amor no registro significante. O amor pede uma palavra. Se "amar é dar o que não se tem" (Lacan, 1957-1958/1999, p. 218), esse é o mais difícil de todos os dons que se constitui sobre a anulação do ter e aponta para o mais além do signo: dar o nada.

Em "Diretrizes para um congresso sobre a sexualidade feminina" (1958), Lacan esboça todas as variáveis do parceiro do desejo estabelecendo uma distinção em relação às parcerias dos homens e das mulheres ao tomar como referência o parceiro fundamental do sujeito: o falo (Lacan, 1958/1998, p. 742). A dialética fálica, que se divide entre o *ter* e o *não ter*, é o que permite a Lacan fazer uma diferenciação entre os parceiros.

Posteriormente, Lacan avança na discussão de que entre o homem e a mulher não há somente o falo. Há também a fantasia, e o sujeito terá essencialmente como parceiro no Outro não somente o falo, mas também o objeto *a*. Ao trabalhar a falta de identidade e a falta-a-ser, Lacan dirá que tanto o falo quanto a fantasia separam e aproximam as parcerias amorosas entre um homem e uma mulher. Separam, porque a fantasia se interpõe entre eles na medida em que os sexos não entram da mesma forma na relação sexual – isso gera a impossibilidade de uma complementaridade entre eles. E aproximam, porque é a fantasia que possibilita seus encontros.

Nessa retomada da noção de parceiro apresentada por Lacan, cabe nos orientarmos pelo texto de Miller "A teoria do parceiro" (2000) e pela maneira como ele irá situar o parceiro em termos de gozo e elaborar os devidos desdobramentos que isto terá na vida amorosa. Para Miller, o parceiro objeto *a* "não é o Outro sujeito, nem a imagem, nem o falo, mas um objeto extraído do corpo do sujeito". Ou seja, "o parceiro essencial do sujeito é o objeto *a*, alguma coisa de seu gozo, seu mais-de gozar" (Miller, 2000, p. 169).

Miller vale-se do texto lacaniano intitulado "Posição do Inconsciente" (1960), no qual Lacan institui de modo definitivo que o sujeito tem essencialmente como parceiro no Outro o objeto *a*. "Este é de algum modo a substância não apenas da imagem do Outro, como também do Outro" (Miller, 2000, p. 168). Segundo Miller, foi necessário algum tempo para que Lacan percebesse que nada no real da pulsão inscreve o Outro sexo como tal. "Se a sexualidade só é representada no inconsciente pela pulsão, isto quer dizer que ela não é representada. Ela é representada por outra coisa, ela é uma representação não representativa" (Miller, 2000, p. 169).

Lacan formulou a consequência dessa não representação através do aforismo "não há relação sexual", o que significa dizer que o que há são sempre encontros significantes, em que cada palavra é um encontro, marcado pela contingência. Se há essa contingência, é porque, de maneira correlata, algo não está necessariamente inscrito. O parceiro, na condição de parceiro sexual, jamais está prescrito, ou seja, programado. Em relação à sexualidade, o sujeito encontra-se exilado, há uma estranheza em lidar com o sexual, e o que ele encontra no parceiro é o traço do seu exílio em terras estrangeiras.

Mais para o final de seu ensino, Lacan condensa todas as parcerias mencionadas – a narcísica, a anaclítica, a parceria da demanda, a parceria do amor, a parceria com o falo e com o fantasma – na parceria com o sintoma. O sintoma passa a ser o parceiro fundamental do sujeito. Mas, por que Lacan condensa todas as parcerias no sintoma? O que ele acrescenta? O que ele traz a mais?

Segundo Brodsky, "o que a ideia de parceiro sintoma acrescenta é o corpo. E na medida em que traz o corpo, traz o gozo" (Brodsky, 2008, p. 68). O que Lacan nomeia como sintoma em seu último ensino é a presença do significante, não somente com o seu efeito de mortificação sobre o corpo, mas o significante como causa de gozo, incidindo sobre o corpo que goza.

Em *O osso de uma análise* (2015), ao fazer uma distinção entre as noções lacanianas de sujeito e *falasser*, Miller esclarece essa mudança de perspectiva lacaniana em relação aos efeitos do significante incidindo sobre o corpo. O *falasser* comporta um corpo vivo, que fala e que goza ao falar, enquanto o sujeito é sempre mortificado, definido como falta-a-ser. Para gozar, é preciso ter um corpo. Contudo, o gozo do corpo é também o gozo de um corpo habitado por um sujeito do significante, gozo da linguagem. Não se trata somente do significante que recorta o corpo, que mortifica o corpo, mas que define o regime de gozo para o ser falante. O *falasser* é "o sujeito mais o corpo, é sujeito mais a substância gozante" (Miller, 2015, p. 87-88).

Correlativamente à noção lacaniana de *falasser*, Miller extrai a expressão "parceiro-sintoma" de um comentário feito por Lacan sobre as identificações ao final da análise, cuja referência encontra-se em um capítulo presente em *O Seminário, livro 24: l'insu que sait de l'une bévue s'aile a mourre (inédito)*, intitulado "Nomina non sunt consequentia rerum" (1977). Miller esclarecerá que, quando Lacan disse, uma única vez, a expressão "identificar-se ao sintoma", foi o mesmo que dizer "eu sou tal como eu gozo" (Miller, 2015, p. 90). Miller conclui: "o falasser, como ser sexuado, faz parceria, não no nível do significante puro, mas no nível do gozo, e que esta ligação é sempre sintomática" (Miller, 2015, p. 91).

Corpo e gozo marcam uma diferença radical entre homens e mulheres que passam a se diferenciar não só pela anatomia, mas pelo modo de gozo, como Lacan elabora nas fórmulas da sexuação. Em relação ao gozo, o amor faz suplência à relação sexual que não existe e, para isso, é necessário que se abra mão da satisfação autoerótica para entrar na dialética do desejo. Em *O Seminário, livro 20*, Lacan enfatiza o caráter autoerótico da pulsão:

> É claro que o que aparece nos corpos, com essas formas enigmáticas que são os caracteres sexuais – que são apenas secundários – faz o ser sexuado. Mas, o ser é o gozo do corpo como tal, quer dizer como assexuado, pois o que chamamos de gozo sexual é marcado, dominado, pela impossibilidade de estabelecer, como tal, em parte alguma do enunciável, esse único Um que nos interessa, o Um da relação sexual. (Lacan, 1972-1973/2008, p. 14)

Em primeiro lugar, o gozo é autístico, isto é, produz-se no corpo do Um e não leva, necessariamente, o Outro em conta. O que quer dizer que cada um dos sexos "se" goza mais do que goza do corpo do Outro. Um corpo não goza de outro corpo; goza do próprio corpo. Mesmo que, para fins sexuais, um corpo possa gozar do corpo do Outro, o faz, contudo, de forma restrita. Nunca pode gozar da totalidade do corpo do Outro. Isso porque é impossível que dois corpos sexuados tornem-se o Um da relação sexual.

Na medida em que se constata que cada um goza sozinho, pode-se dizer que homens e mulheres fazem de sua solidão no gozo um parceiro. Não, contudo, da mesma forma.

Do lado masculino, o parceiro-sintoma se personifica na forma fetichista do objeto, concebido na relação do sujeito ($) com o objeto *a*. Em *O Seminário, livro 20*, Lacan afirma que do lado do homem, "só lhe é dado atingir seu parceiro sexual, que é o Outro, por intermédio disto, de ele ser a causa do desejo" (Lacan, 1972-1973/2008, p. 86). Ao passar para o lado feminino, pelo não-todo, o homem não encontrará *A* mulher, porque *A* mulher não existe. Colocar a mulher nesse lugar de objeto-causa de seu desejo permite ao homem extrair do corpo da mulher o objeto *a*, uma pequena coisa, um divino detalhe que a faça fetiche e que funcione em sua fantasia como causa de desejo. Por isso, o homem só pode abordar a mulher uma a uma, em sua particularidade.

A outra possiblidade do lado masculino é a parceria com o falo (Φ), "que não requer passar pelo outro lado nunca" (Brodsky, 2008, p. 70). Daí toda a importância que a masturbação adquire para o homem. O gozo fálico ou "gozo do idiota", como Lacan o chama, é autoerótico e, ao mesmo tempo, é alo-erótico porque produz um sentimento de exterioridade em relação ao corpo, tal como Lacan sublinha: o corpo próprio se revela como corpo do Outro no momento do gozo (Lacan, 1972-1973/2008, p. 87). Nesse sentido, é compreensível que o homem goze na solidão.

Do lado feminino, o gozo fálico divide a mulher, uma parte submetida ao falo, e outra parte sob a égide do gozo suplementar que toma o contorno do não-todo. É nisso que se apreende que "o gozo que se tem da mulher a divide fazendo-a parceira de sua solidão" (Lacan, 1972/2003, p. 467). A solidão do gozo feminino não tem nada a ver com o gozo solitário do homem, já que Lacan sugere que o amor e o gozo vindo de um homem não farão nada à mulher senão "re-suscitar nela esse gozo que a faz não-toda dele" (Lacan, 1972/2003, p. 467).

Com efeito, a questão é saber no que consiste o gozo feminino e de que maneira se pode testemunhar as manifestações desta infinitização prescrita pelo não-todo. Como foi dito anteriormente, do lado mulher, "não existe essa exceção que engendra o 'um' como limite do todo, [...] estamos diante de um infinito não totalizado" (Miller, 1993, p. 75).

Para Lacan, o que torna o supereu feminino terrível – ainda mais terrível que o supereu materno – é o fato de que ele convoca para um gozo para além do falo, um gozo que se direciona para o infinito, sem limites, que tem origem no *Penisneid*. Como já foi dito anteriormente, o supereu foi considerado, tanto por Lacan como por Miller, como tendo um estatuto de voz que se confunde com a consciência moral. A clínica nos confirma isso ao testemunharmos as exigências infindáveis que as mulheres fazem aos homens. O sempre "mais, ainda" aparece com muita intensidade: que o homem trabalhe mais, que ganhe mais dinheiro, que se ocupe mais dos filhos, da casa, dela mesma, que a faça gozar.

Em relação ao falo, homem e mulher não se equivalem em suas posições, pois, como Lacan já havia indicado, o falo não drena toda a satisfação da mulher. Na relação da mulher com o falo, produz-se um excesso e é o falo que presentifica que há algo "a mais" já que desse gozo nada pode ser dito (Brodsky, 2008).

Laurent, em *A psicanálise e a escolha das mulheres* (2012), fala de alguns impasses e soluções encontrados pelas mulheres nas parcerias amorosas e observa que podemos verificar sua ocorrência tanto na clínica quanto na literatura: algumas mulheres se lançam cada vez mais longe no desejo de querer "dar tudo ao homem amado", "ser tudo para ele" e não cessam de querer que um homem seja seu Outro; outras se interrogam, com a ajuda de um homem em posição fálica, o mistério da essência feminina, convocando outra mulher; outras se aderem à identificação imaginária do falo, não havendo meios de alcançar o Outro. Enfim, há todo um campo crescente das mais diversas reivindicações femininas, justamente pelo fato de o falo não responder às mulheres, pela falta estrutural de um significante no campo da linguagem capaz de definir o que seja "*A* Mulher". O efeito de tudo isso pode ser devastador.

Dizer que a mulher é não-toda é o que nos comprova o mito de Tirésias por "ela ser a única a ser ultrapassada por seu gozo" (Lacan, 1972/2003, p. 467). A história contada por Ovídio é bem ilustrativa, aliás, o que só vem a confirmar que o termo "homem" e "mulher", presentes nas fórmulas da sexuação e, de modo geral, para a psicanálise, indicam uma posição de eleição, e não necessariamente, do sexo biológico.

Na mitologia grega, Tirésias é o andarilho vidente que, passando por uma estrada, vê duas cobras copulando e as separa. Como punição, Tirésias é transformado em mulher por sete anos. Ao se deparar mais uma vez com as cobras em cópula, o andarilho novamente as separa e volta à forma de homem. Tirésias, que esteve do lado homem e do lado mulher, é aquele que poderá responder: afinal, quem goza mais, o homem ou a mulher? A voz de Tirésias revela que, mesmo em relação àqueles que supõem verdadeiramente gozar, ou seja, os deuses, a mulher goza infinitamente mais que o homem. Entretanto, esse "mais" equivale a um "menos" de identidade. O gozo feminino varre o sujeito, ultrapassa-o, não o identifica.

Além da relação da mulher com o falo, há alguns casos em que ela pode ser arrebatada em uma relação direta com o gozo não regulado – nem pelo falo nem pelo Édipo. São muitos os testemunhos femininos sobre a estranheza de um gozo produzido no corpo, com seus efeitos ilimitados. Duras testemunha:

> Posso dizer que se trata de um amor absurdo sem sujeitos, como sorriso de Alice não tem rosto através do espelho, mas seria abstrato, falso. [...] é um amor que já ama, que invade e que se mantém a parte de tudo o que se pudesse dizer dele por razões de ordem religiosa e que por isso poderia estar próximo de uma necessidade de sofrimento, de uma razão obscura de

> ser obrigado a sofrer para lembrar-se de uma ausência sem imagem, sem rosto, sem voz, mas que toma o corpo inteiro, como sob o efeito da música, rumo à emoção que acompanha a libertação de sabe-se lá que peso formal. (Duras, 1987/1989, p. 77-78)

O termo *devastação*, em francês *ravage*, além de estar associado à idéia de ruína, destruição, também se refere a um corpo arrebatado "na forma de êxtase na qual a alma se sente tomada por Deus, como que por uma força superior à qual não se pode resistir" (Laurent, 2012, p. 152). Em termos místicos, ser arrebatado é ser transportado para uma experiência de felicidade suprema em que o sujeito é lançado para fora do próprio corpo, do tempo e do espaço.

Para Marie-Helène Brousse (2004), "a devastação está presa ao arrebatamento" e Brousse esclarece tal afirmação nos seguintes termos: "O arrebatamento é [...] uma perda corporal não simbolizável pelo significante fálico, uma não redução das imagens cativantes à imagem central do corpo, uma não inscrição do corpo no desejo do Outro" (Brousse, 2004, p. 65). Para Brousse, o sujeito pode, eventualmente, permanecer fascinado por um gozo feminino que não extrai sua consistência do falo, pela própria impossibilidade de uma identificação narcísica recobrir todo o campo do real do corpo, ainda que seja arrastada ao pior. Com Miller, constata-se que o sentimento de falta de identidade, de incompletude radical, de fragmentação corporal, de ausência de si mesmo, é um efeito colhido pelas condições do gozo feminino que não fixa o sujeito ao seu corpo.

Em relação ao gozo feminino, ilimitado e arrebatador, Brodsky (2008) lança uma questão instigante, qual seja: este gozo estaria reservado apenas aos místicos – quer se trate de homem ou de mulher – e aos psicóticos? Brodsky responde que não e sustenta sua negativa com base na clínica: "A clínica de qualquer mulher traz isso. Se pensássemos que somente seriam os psicóticos e os místicos, não haveria mulheres em análise, haveria somente homens em análise, alguns de anatomia feminina" (Brodsky, 2008, p. 71). Brodsky está aqui se referindo à neurose histérica.

Portanto, o parceiro-sintoma do homem é a mulher que é sempre objeto *a*, objeto definido "como uma unidade de gozo" (Miller, 2015, p. 93), apartado, localizado, contabilizado. Enquanto, para a mulher, ao contrário, se o homem se aloja em S(Ⱥ), é essencialmente o gozo suplementar, não-todo, ilimitado que caracteriza esta parceria.

Se a articulação entre o gozo do Um e o desejo do Outro só é possível com a mediação do amor, de que maneira o amor se enlaça ao gozo?

Para Lacan, "se a posição do sexo difere quanto ao objeto, é por toda a distância que separa a forma fetichista da forma erotomaníaca do amor" (Lacan, 1958/1998, p. 742).

A forma fetichista de amar do homem se opõe a forma erotomaníaca de amar da mulher. Se do lado masculino, o objeto de amor é fetichizado e o desejo passa pelo gozo, do lado feminino, predomina a forma erotomaníaca de amar, um amor sem limites, insaciável, em que a mulher quer ter a certeza de ser amada.

O homem, ao tomar como parceiro-sintoma o objeto *a*, objeto causa de desejo, diz do seu modo de gozo, o qual tem sempre algo de limitado, de circunscrito, de localizado e de contabilizável – tem começo e fim. Sendo assim, o gozo masculino pode se sustentar no silêncio, o homem pode gozar sem palavras e sem amor.

Ao contrário da mulher, cuja parceria se funda no Ⱥ, que o parceiro seja aquele ao qual falte alguma coisa, e que essa falta possa fazê-lo falar. A sua condição de gozo é que o objeto erotômano lhe fale, lhe ame, tal como Miller afirma em *O osso de uma análise* (2015, p. 94). Se, por um lado, o gozo feminino é um gozo do corpo, de um corpo que se torna Outro para o próprio sujeito, pois ele não está limitado ao órgão fálico, por outro lado, é um gozo da fala, pelo fato de se dirigir ao S(Ⱥ). Por ser um gozo, é preciso que seu objeto fale. Miller formula esses dois axiomas para a mulher: para amar, é preciso falar e, para gozar, é preciso amar (Miller, 2015, p. 96-97).

O percurso pela erotomania já estava descrito desde Freud, quando ele atrelava a sexualidade feminina à intensa demanda de amor dirigida ao pai, desde os tempos mais remotos do Édipo feminino. Lacan encontra o fundamento para a erotomania definindo-o como um modo de amar tipicamente feminino. Em "Diretrizes para um congresso sobre a sexualidade feminina" (1958), Lacan comenta pela primeira vez a forma erotomaníaca do apego da mulher para com um homem eleito como seu objeto de amor.

O sem limites em jogo na erotomania não se extrai do consentimento de uma mulher em estar como objeto-causa de desejo de um homem, mas na sua relação ao S(Ⱥ). Uma mulher pode buscar nomear seu ser não pela via do objeto *a*, mas pela via do amor. Por essa razão, Lacan localiza, na forma erotomaníaca, o modo como uma mulher se relaciona com o parceiro: ser objeto eleito pelo outro.

A erotomania se caracteriza pela demanda de amor que desempenha, na sexualidade feminina, um papel incomparável ao do lado masculino. A demanda de amor comporta um caráter absoluto e uma visada ao infinito, que é manifestada no fato de que o Todo não está formado, o Todo não faz Um. Todas as mulheres são loucas, sem dúvida, diz Miller, "porque para elas o parceiro é esse Ⱥ que está por detrás delas; mas todos os homens são uns brutos, todos os homens são embrutecidos pelo detalhe de sua fantasia" (Miller, 2015, p. 96).

Esse valor assintótico que a demanda de amor assume do lado feminino remete à postulação de Freud ao associar o feminino ao aparecimento do masoquismo: "a atitude masoquista coincide com uma atitude feminina" (Freud, 1919/1976, p. 245). Poder-se-ia supor que Freud estaria dizendo que o feminino é masoquista, contudo Santiago nos esclarece: "o masoquismo em si é que é feminino, pois quando ele aparece nos homens o que os alimenta e os mobiliza é a erotomania" (Santiago, 2004, p. 33). É exatamente onde o masoquista se faz sofrer, se faz martirizar e solicita a dor que ele se equipara ao feminino. "O masoquismo feminino é uma expressão que designa não a subjetividade das mulheres, mas seu lugar de objeto para o outro" (Soler, 1995, p. 130).

A noção de masoquismo feminino em Freud nos antecipa a relação do sujeito com o gozo feminino que não possui a medida fálica como limite, quando, por exemplo, Freud se refere à sexualidade feminina como um continente negro. Por outro lado, Laurent (2012) esclarece, segundo os aportes lacanianos, que enquanto Freud tenta cernir o ser da mulher a partir da pulsão parcial, como está descrito no texto "O mal-estar na civilização" (Freud, 1930-1929/1976), o que está em jogo não é objeto *a* – embora a mulher possa se servir dele –, mas sim o S(Ⱥ), que dará suporte ao gozo feminino (Laurent, 2012, p. 89).

Diferente é a estratégia feminina em relação ao falo, a saber, conseguir de alguma maneira "ao menos um" homem que escape à castração. Para Soler (1995), na impossibilidade em ser *A* mulher do Homem, uma mulher consente em fazer semblante de objeto *a* causa de desejo, mesmo que seja na condição de aviltada, não tanto porque o homem representa o índice de seu desejo, mas porque, ao estar nesse lugar para um homem, isso permite a ela aceder a um gozo suplementar em relação ao falo. Ou seja, "o homem aqui serve de conector para que a mulher se torne essa Outra para ela mesma, como o é para ele" (Lacan, 1958/1998, p. 741). Tem-se aí a separação entre o objeto *a* e S(Ⱥ).

Vimos que até o momento não se estabeleceu nenhuma relação direta entre amor e devastação nas parcerias amorosas. Sendo assim, o esforço agora se centrará em articular, para além do pensamento freudiano, o gozo da privação, que se oculta sob a noção do masoquismo feminino, à devastação, no que diz respeito ao ilimitado das concessões que uma mulher pode fazer a um homem.

3.4. O amor inscrito na lógica do não-todo e a devastação

> [o amor], quando se olha para lá mais de perto, veem-se as devastações. (Lacan, 1972-1973/2008, p. 12)

E quando um parceiro se torna o parceiro-devastação para uma mulher?

Em *O Seminário livro 23*, Lacan afirma que a mulher é um sinthoma para todo homem, e que o homem pode ser para a mulher uma devastação (Lacan, 1975-1976/2007, p. 98).

Cabe indagar por que a devastação não poderia se equivaler a um sintoma, já que o sintoma pode revelar, muitas vezes, o seu caráter avassalador e destruidor, tal como o é a devastação. Quando Lacan diz que a mulher é sempre o objeto *a*, ou o semblante que vela o objeto *a* para um homem, trata-se de uma variável diretamente relacionada ao núcleo de gozo *a*, o parceiro sendo aqui o invólucro de *a*, exatamente como o sintoma o é. Enquanto, para a mulher, se o homem se aloja em S(Ⱥ), não se trata apenas de um sintoma circunscrito, porque esse lugar implica o ilimitado do gozo feminino. O homem pode ter, portanto, a função de parceiro-devastação para a mulher.

Se o sintoma é um sofrimento sempre limitado, um sofrimento localizado, "a devastação é uma depredação, uma dor que não para, que não conhece limites" (Miller, 1998/2003, p. 20). Não deixa de ser um sintoma do sujeito o fato de ele tomar o Outro como um meio de gozo, nesse sentido a relação entre os sexos é sempre sintomática.

Jacques-Alain Miller definiu "a devastação como a outra face do amor" (Miller, 2015, p. 99). O que um e outro possuem em comum diz respeito ao gozo feminino, inscrito sob a lógica do não-todo que, pelo fato de não possuir uma exceção, implica que o conjunto não se feche, ficando vulnerável à infinitização, que se substitui à resposta do amor.

Para Miller, "[...] o incondicional da demanda de amor, em seu caráter potencialmente infinito, retorna ao *falasser* feminino, precisamente sob a forma de devastação [...]" (Miller, 1998/2003, p. 81). Para Miller, ser devastado significa:

> [...] uma pilhagem que se estende a tudo, que não termina, que não conhece limites, e é em função dessa estrutura que um homem pode ser o parceiro-devastação de uma mulher, para o melhor e para o pior (Miller, 2015, p. 99).

O que é devastador para a mulher não é propriamente o amor que se demanda, mas a demanda de amor em si, em seu caráter potencialmente infinito, inerente à estrutura do não-todo, que retorna ao ser feminino. Não se trata tanto do sofrimento, do prejuízo ou perda que sofre o sujeito, o que sobressai na devastação é o traço de infinito que pode se direcionar tanto para o melhor, quanto para o pior.

Sendo a direção para o melhor, o infinito da demanda de amor se equivale ao deslumbramento, por exemplo, o deslumbramento que uma mulher pode ter por um homem, traduzido por fascinação, porém que a aniquila enquanto sujeito. Nesse caso, não há maus tratos, não há injúria, não há violência exercida sobre o sujeito, mas sim o caráter de infinitude e de ilimitado.

Quando esse traço de infinito direciona-se para o pior, o amor não circunscreve o ilimitado do gozo feminino. O parceiro amoroso torna-se parceiro-devastação para a mulher quando o amor, pela vertente do gozo feminino, não-todo, a coloca em uma relação direta com o significante que falta no Outro, S(Ⱥ), que se revela como "a outra cara do objeto amado" (SANTIAGO, 2004, p. 35). É nessa situação que o caráter erotomaníaco do amor surge com toda a sua intensidade.

Mas, afinal, do que se trata nesta demanda?

Para uma mulher, o amor comporta um imperativo de que o Outro a ame e lhe diga o significante do seu ser. Um homem pode se inscrever como devastação para uma mulher a partir do que se revela para ela como engano do amor, na medida em que ele não dispõe de um aparato significante que dê substância ao seu ser. É também o que sua mãe não pôde lhe dar, ou seja, a transmissão de um saber articulado sobre a feminilidade. Este princípio de inacessibilidade que caracteriza o lado feminino não permite que a demanda cesse, pelo contrário, tal como Lacan demonstrou, a demanda sempre pede mais e mais, ainda mais.

Para Freud, a posição feminina do sujeito é aquela em que a perda do objeto de amor equivale à castração. A clínica nos confirma como a perda do parceiro amoroso pode, em alguns casos, produzir em uma mulher a sensação quase sobrenatural de se sentir perdida, estranha aos próprios olhos, tal como nos revela o fragmento clínico a seguir. Uma mulher procura a analista no momento de sua separação após um longo casamento. A imagem que lhe vem à mente é a de uma criança aos três anos de idade, perdida, diante de um campo de futebol deserto, sem saber em qual lado poderia se abrigar. "Ele se foi, e para aonde eu irei, o que eu farei?" Diante da perda do marido, a sensação que lhe acomete é a de que poderia desaparecer a qualquer momento.

Se qualquer parceiro-sintoma da mulher pode converter-se em um parceiro-devastação, podemos indagar se, para um homem, é possível evitar converter-se em uma devastação para a mulher?

Diante da demanda de amor infinita da mulher, o encontro com um homem pode reduzir algo de seus efeitos devastadores quando ele rechaça se fazer de Outro e restaura com a mulher a relação com o S(Ⱥ), ou seja, com a inconsistência. Para ele, trata-se de saber resistir à voz das sereias: "vem reunir-te conosco e então serás meu Outro" (Laurent, 2012, p. 123).

E de que modo a mulher pode ser devastadora para um homem?

Um homem pode ser devastado por uma mulher quando ela toca de uma maneira ou outra em seu parceiro fundamental que é o objeto *a* e, não necessariamente, como é o caso da mulher, da perda do parceiro enquanto tal. Quando a mulher não encontra um limite por parte do homem, a mulher mesma pode se tornar devastadora.

Madeleine, prima e esposa de André Gide, vive com ele um casamento que nunca fora consumado durante vinte anos. Se, por um lado, Madeleine assemelhava-se a mãe de Gide em sua ausência de graça, por outro, ela também portava os traços de sua própria mãe, a mesma cor de pele, o mesmo ar lânguido. Sem nunca ter convocado o marido pela vertente fálica, enquanto objeto causa de desejo de um homem, pois isso causaria horror em Gide, Madeleine permanece para ele como objeto de amor puro e idealizado. Gide faz existir *A* mulher, desdobrada em sua mãe, que é "toda para ele" e em Madeleine que é a única eleita do seu amor. Madeleine suporta longos anos de um casamento sem sexo, mas, o que se torna insuportável é a revelação da traição do amor. Quando Gide comunica a Madeleine sua paixão por outro homem, Madeleine destrói o que era mais caro a ele: as mais belas cartas de amor que Gide destinara a ela e à posteridade. É esta parte dele, extraída e perdida, o objeto *a*, da qual Madeleine era a destinatária, que Madeleine destrói, abrindo um vazio no ser de Gide. "Uma mulher se coloca verdadeiramente do lado da mulher quando sacrifica o seu ter mais precioso, como são as cartas para Madeleine, [...] esse sacrifício do ter orienta Lacan a dizer que isso faria uma verdadeira mulher" (Brodsky, 2008, p. 192).

Em *O Seminário, livro 17*, Lacan introduz o gozo da privação que pode ser considerado um antecedente à formulação do gozo feminino, suplementar: "privação, assunção pelo sujeito feminino ou não, do gozo de ser privado" (Lacan, 1969-1970/1992, p. 103). A partir da potente noção de privação, Lacan introduzirá a ideia de que se pode demandar outra coisa que não se localiza no registro do *ter*. Há um registro que não se demanda – aquele do *ser* – e no qual não se obtém jamais o que se demanda. É isso que é frustrante (Laurent, 2012, p. 79). É o gozo da privação que permite elucidar o gozo particular que pode ter uma mulher, em se fabricar um "mais" a partir da subtração do ter, sem que isso signifique um mínimo de masoquismo. Segundo Laurent (2012), destruir o que se tem de mais querido é uma das consequências da forma erotomaníaca, qualquer mulher pode ser empurrada a uma zona em que se torna perigosa para si mesma e para os demais (Laurent, 2012).

Se "não há limites às concessões que cada uma faz para um homem de seu corpo, de sua alma, de seus bens" (Lacan, 1973/2003, p. 538), trata-se de um sacrifício que não tem nada de incondicional. Seu sacrifício é a condição para que ela obtenha o amor que a identifique como mulher, que traga um limite para o seu gozo. Em relação ao sem limites em jogo na erotomania, as mulheres podem ir mais longe nos caminhos da dedicação ao amor que os homens.

O fragmento apresentado a seguir elucida a relação estreita entre amor e devastação a partir da contingência do encontro entre um homem e uma mulher.

M., 39 anos, foi entrevistada em uma apresentação de pacientes realizada em um hospital psiquiátrico da rede pública de Belo Horizonte. Ela fora internada após ter estado vários dias desaparecida consumindo crack. Grávida do quinto filho, M. relata que perdeu sua mãe aos seis anos de idade e que, então, foi morar com a irmã mais velha. M. queixa-se de que a irmã nunca cuidou dela como uma filha. M. conclui: "Minha irmã nunca me adotou".

Aos 17 anos, M. ficou grávida do primeiro filho, momento em que experimentou a cocaína pela primeira vez. Foi o próprio marido, onze anos mais velho, quem lhe ofereceu a droga. "Da primeira vez que ele me ofereceu, eu pensei em falar 'não', mas, mesmo assim, eu aceitei, eu disse 'sim'. No início, eu não gostava nem desgostava da droga, mas mesmo assim eu insisti".

> Sempre fui muito fechada, muito deprimida, [...] eu nunca senti que a casa da minha irmã fosse a minha casa, sempre aguentei tudo calada e nunca alterei a voz para falar com minha irmã. No início do nosso relacionamento, meu marido me ajudou muito, éramos parceiros, conversávamos sobre tudo, mas a droga atrapalhou demais o nosso relacionamento.

No relato de M., constata-se que o consumo de drogas aparece simultaneamente ao encontro com seu parceiro, que conversa com ela, oferecendo-lhe as palavras e, dessa forma, a "retira" daquele estado deprimido e calado em que vivia até então. Desse modo, ao lhe ofertar a palavra, o parceiro de M. oferece-lhe também a droga. A palavra, nesse caso, pode ser tomada como *pharmakon*[11] em sua dimensão dialética que remete tanto ao remédio quanto ao veneno.

M. relata que seu companheiro consegue controlar o uso da droga. "Eu não controlo, eu fumo de cinco a dez pedras por dia. Eu uso porque meu organismo depende da droga, ele grita pedindo a droga. M. relata que, diante dessa oferta, pensou em dizer "não" às drogas, mas disse "sim" e, a partir de então, passou a usar a droga todas as vezes em que o seu parceiro lhe fazia tal proposta. O que parece de início é que M. não demonstra nenhum apego à substância, "não gosta, nem desgosta da droga", em contraponto ao seu desmedido apego às palavras do seu companheiro.

Sendo um sujeito que se nomeava como um objeto abandonado pelo Outro, foi na relação com o parceiro que M. pensou poder obter mais substância sobre o seu ser mulher. Na sua voracidade em ter as palavras de amor, M. faz qualquer tipo de concessão ao seu parceiro, até mesmo entregar o seu corpo aos efeitos devastadores da droga. A cada vez que se instala o mal-entendido e o engano do amor, M. busca tratar o impossível da posição feminina pelo real da substância "droga".

A devastação, na parceria amorosa desse sujeito, expressa-se pela vertente da erotomania. Em sua demanda de amor infinita, o que importa para M. é ser amada e, ao se submeter à vontade do Outro, ela não encontra outra saída a não ser cair como objeto dejeto do gozo do Outro.

[11] LE POULICHET, Sylvie. *Toxicomanías y psicoanálisis*: las narcosis del deseo. Buenos Aires: Amorrortu Editores, 1990.

Portanto, diante da demanda de amor infinita, o encontro com um homem tanto pode fazer limite a esse gozo, quanto, na impossibilidade de circunscrevê-lo, retornar do lado feminino sob a forma de devastação.

De quais maneiras podemos pensar nas possíveis saídas da devastação seja pelo viés da análise, seja pelo viés da escrita, como foi o caso de Marguerite Duras?

Os relatos de passes – como testemunhos clínicos no percurso de uma análise – nos permitem entrever como cada mulher encontrou uma solução para o ponto de devastação que a assolava, seja na relação com a mãe, seja na contingência do encontro com um homem.

A saída da devastação para uma mulher implica, inicialmente, localizar o ponto de devastação presente na sua relação com a mãe, que não era outra coisa senão o modo pelo qual a própria mãe pode responder sobre o real de sua feminilidade.

Se há algo que resta como um saldo de uma análise levada até o final é a maneira como cada mulher pode aceder a uma versão do feminino distinta do enredo materno, o que implica uma invenção singular de um nome tecido com as sobras do real que faça suplência ao indizível do ser de mulher.

Em "Sexualidade feminina" (1931), Freud assinalou que as mulheres são artesãs de sua feminilidade. "Encontramos aí uma intuição fecunda no sentido de *saber-fazer* (*savoir y faire*), no sentido de que a técnica artesanal comporta que um fazer responde como solução, a algo que é da ordem do real" (Suárez, 2006, s/p).

3.5 Ancoragem

O testemunho do sujeito feminino que se segue inscreve-se no que ela localiza como limite à ficção do verdadeiro, do impossível de escrever da relação sexual.

Assim teremos um testemunho escandido em três tempos, nos quais o sujeito se esforça para retomar as sobras, os traços dispersos, as impressões e vestígios que restaram de uma perda e lhes conferir o estatuto de escrita, como um tratamento do real "intestemunhável" (Holck, 2009, p. 26).

Tempo 1: "Vida descritiva"

É um tempo marcado pela devastação e pela angústia.

Uma bela filha de um pai que ocupava o lugar de um herói, "papai-sabe-tudo", e de uma mãe mortificada pela perda no parto do único filho homem. O significante "bela", encarnado no sujeito, franqueou sua identificação à posição de falo idealizado de sua mãe. Por meio desta bela imagem, o sujeito se veste falicamente para a mãe, na tentativa de cobrir o que não tem como "uma espécie de pele que fazia consistir o corpo imaginário, continente negro" (Holck, 2008). Lacan, em *O Seminário, livro* 7, diz que a função do belo "é a de nos indicar o lugar da relação do homem com sua própria morte, e de indicá-lo somente num resplandecimento" (Lacan, 1959-1960/ 2008, p. 346). Se, por um lado, o significante "bela" lhe deu força e importância diante do olhar materno, por outro lado, a identificação ao irmão morto lhe devastou e a deixou cair num abismo infinito, tal como o sujeito nos relata na seguinte cena infantil:

"Aos dez anos, continuamente sentada ao lado da cama da mãe por horas, sem uma palavra, deixava-se cair sem rede em um abismo ilimitado e sem sentido. A mãe dilacerada pela perda no parto de seu quinto filho, o que seria seu único menino" (Holck, 2009, p. 19).

Como efeito desta matriz primária, a repetição dessas duas posições – a de ser "bela" e a de objeto caído através da identificação ao irmão morto – reproduz-se no modo de o sujeito posicionar-se frente ao Outro libidinal. Em seu primeiro casamento, o sujeito ocupava o lugar de falo idealizado e a devastação se dá pela vertente de ser "um objeto de gozo, vítima, forçada por um Outro cheio de vontade, adorando se submeter a seu gosto, dava consistência ao Outro" (Holck, 2009, p. 19). "Na posição de objeto supervalorizado, a bela imagem falicizada encobria um corpo por onde a pulsão navegava sem limites e sem destino, produzindo um excesso de sexualização" (Holck, 2009, p. 19). O significante "bela" fazia erigir *A* mulher, que se alojava toda no furo do Outro, para garantir sua existência, resultando em uma erotomania histérica e de sedução (Holck, 2009, p. 20).

A devastação nesta parceria amorosa se expressa então pela vertente da erotomania. Na certeza do amor compartilhado, ao fazer-se falo para o marido, ela se submete ao "Outro cheio de vontade" em uma dedicação sem limites, abrindo-se para o ilimitado da espera de uma resposta do parceiro que nomeie seu ser de mulher. Nesse caso, o que a devasta é o gozo não-todo, pois ser bela, com um corpo belo erotizado, dá-lhe um apoio imaginário precário e a posição feminina se situa mais além do ser, "ser o falo", "ser objeto". O não recobrimento do gozo feminino deixa descoberto "o nada" ao qual ela se identificava.

O segundo casamento foi com alguém que portava um traço paterno, assim como fora o primeiro. Contudo, nesta segunda parceria, o sujeito já não se identifica ao ideal, mas sim ao objeto do fantasma de um homem.

Com o seu novo parceiro, não eram somente os significantes que se repetiam, mas ela lhe transmitia "as suas coordenadas de seu gozo masoquista, concedendo, assim, a cada vez, o modo de reproduzi-las" (Holck, 2009, p. 20). Para Laurent, em se tratando do ser feminino, "a castração aí não pode mais ser uma ameaça, visto que ela já foi efetuada. Então, a mulher não teme nada, e, se ela faz seu ser, é se livrando do seu ter" (Laurent, 2012, p. 81).

Assim, apresentam-se para o sujeito duas alternativas: ser objeto de gozo pela via do objeto idealizado ou ocupar imaginariamente a posição de objeto do fantasma masculino que lhe trazia como consequência o "abismo infinito, identificada ao vazio do objeto, desejo de morte" (Holck, 2008, p. 88). Em ambas as posições, a mulher se satisfaz com o gozo fálico, deixando um resto não simbolizado que produzia no sujeito dor e humilhação, e que retornava como angústia, índice da devastação nesse sujeito.

Talvez seja por isso que o amor tome tanta importância para uma mulher, principalmente se for uma histérica, pois é através do amor, que ela procura realizar algo do sexual.

> Uma mulher devastada em sua relação com a mãe elege um homem que cumpre a função de fantasma de tal maneira que ela possa ocupar o lugar do objeto masoquista. O amor pode, assim, tomar as formas mais loucas e mais variadas nessa busca para dar lugar ao real que resta no exercício do gozo fálico. (Holck, 2009, p. 23)

Tempo 2: "Vida de escritura"

De um sonho surgirá o nome de gozo do sujeito com o qual seu fantasma pôde ser escrito: "um cachorro defecando um patê é olhado por um jovem" (Holck, 2009, p. 22). O significante "patê" presente no sonho é o nome de gozo que o sujeito encontra na posição de objeto "para se ter".

A identificação ao objeto anal indica, na vertente de gozo, a posição em relação ao Outro materno, que se encontra tanto na vertente de ideal, objeto fálico precioso, quanto na posição de objeto caído, objeto dejeto, lugar de identificação ao irmão morto. É a partir deste sonho que surge a frase fantasmática em que se enlaçam as duas faces do objeto: "ser bela como uma bela merda" (Holck, 2009, p. 22).

Desde a "A interpretação dos sonhos" (1900), Freud quis destacar que o sonho, como manifestação do inconsciente, deveria ser concebido como uma escrita, e não como um pensamento. As imagens produzidas no sonho, convertidas em palavras no momento do relato, deveriam ser retidas apenas pelo seu valor significante. "Nesse sentido, tomar um significante isolando-o das possíveis significações a que se refere, implica abordá-lo como algo próximo a uma letra" (Mandil, 2003, p. 135).

Lacan ampliou a analogia iniciada por Freud, na medida em que, ao proceder a uma releitura da obra freudiana, introduziu a sua concepção de letra. Se, no início do seu ensino, Lacan privilegiou o registro simbólico, no fim do seu ensino, a primazia recaiu sobre o real. A letra é concebida como um litoral no qual significante e gozo margeiam-se.

A construção do fantasma é o que permite que esse sujeito, devastado em sua relação com a mãe, e com um amor que havia tomado as formas "mais loucas e variadas", vá, pouco a pouco, encontrando um *saber-fazer* (*savoir y faire*) com tudo isso, abrindo-lhe a possibilidade de invenção de um novo amor, de uma nova posição em relação ao homem que, com seu consentimento, sirva-lhe de conector para que a mulher se torne esse Outro para ela mesma, com o é para ele (Lacan, 1958, p. 741).

Trata-se então, segundo testemunha o sujeito, de uma dedução lógica decorrente da dissolução do Édipo, ou seja, da separação dessa mãe: é necessária a extração do objeto *a* e a confrontação com o furo no Outro para que a sexualidade se solte das zonas erógenas previstas na organização infantil, perversa, polimorfa, podendo apropriar-se de seu corpo de outra maneira, fazendo do furo o seu destino (HOLCK, 2009, p. 33).

Tempo 3: "Escritura vida"

Apesar de apontar para uma ruptura do semblante e para o encontro com o real, o relato de um segundo sonho produzido durante o dispositivo do passe deixa, ao entrever uma ponta do real, a impossibilidade de uma simbolização integral: "Atravesso meu corpo de um buraco a outro, me mexendo entre as entranhas, carne, sangue, bílis, excremento. Sou e estou no corpo. Esse corpo em pedaços é servido cru em uma bandeja. Sou despertada por um gozo indescritível, pura satisfação" (Holck, 2009, p. 25).

Aqui não se trata mais de angústia, trata-se de uma satisfação no corpo, de uma alegria surpreendente. O gozo não-todo já não a devasta, não mais se apresenta ao sujeito em sua dimensão mortífera, pois foi tratado pela letra que não se presta ao deslizamento significante.

O desdobramento do sentido de patê em "para se ter", "pá vê" (para ser vista), "pá cumê" (para ser comida), encontrou seu limite em "patu" que, do lugar de "para tudo" presente na língua materna, desloca-se para um significante novo, "*pastout*", não-toda, significante da falta no Outro S(Ⱥ). Fazer-se objeto para o Outro era também a sua maneira de ser e ter. De objeto de gozo à inconsistência do Outro, "do 'patê' ao "*pastout*", revela-se o real da estrutura feminina" (Holck, 2008, p. 89).

"Se admitirmos que 'o real é sem fissura', que ele pode ser figurado como uma espécie de superfície lisa e escorregadia, sem ranhuras, ou uma região inóspita, sem trilhas" (Rosa, 2006, p. 138), podemos pensar que a escritura pode servir de barragem para deter os avanços do gozo, ao realizar uma sulcagem no real. É no romper do semblante que algo do gozo se evoca como um desgaste, uma erosão que marca um território.

Nesta última etapa, o sujeito dá lugar à escritura, que o aproxima da poética pela primazia da letra sobre o significante: "Escrita vida ou biografema é a escrita que toca o real, primazia da letra sobre o significante. Escrita no que a escrita tem de corpo, sem imaginação, sem ossos e sem forma, pura conjectura física, material, sexo de ler" (Holck, 2008, p. 89). Trata-se de dar "existência de discurso à sua criatura" (Lacan, 1965/2003, p. 203), ou seja, trata-se da substância da escrita, naquilo que a escritura tem de um corpo, surgindo em sua dimensão material.

Para Duras (1986), "a história da minha vida não existe. Ela não existe. Jamais tem um centro. Nem caminho, nem trilha" (Duras, 1986, p. 12). É em torno do vazio, do furo, do buraco, que a escrita feminina se constrói. Como um tecido esgarçado, como uma renda, em que as linhas margeiam os buracos, os vazios, mas não os preenchem.

Retorna-se ao ponto de partida: a devastação decorrente da relação mãe e filha, e a sua repercussão nas parcerias amorosas, já que a devastação é o retorno do real do impossível de dizer sobre *A* mulher.

Testemunhar a escrita do semblante foi a solução encontrada por este sujeito durante seu percurso analítico para não sucumbir à devastação. "Patu" emerge como um nome, não com a função de fazer *A* mulher existir, mas como um semblante que aponta para a inconsistência do Outro, pois se trata de "dar um nome sempre provisório do real em jogo" (Laurent, 2005, p. 15). Para Holck, "a vida continua turbulenta, navego como posso e na falta de um porto seguro invento ancoragens. Tanto nas oscilações císmicas como na calmaria, navegar é preciso, até o fim" (Holck, 2008, p. 91).

A experiência de análise desse sujeito – sua travessia e seu final – desemboca na escritura, ponto esse de confluência entre o testemunho desta analista e Marguerite Duras, a qual, mesmo sem nunca ter feito análise, encontrou seu parceiro-sinthoma na escrita, como vemos nas palavras da própria autora: "De vez em quando, escrevia para o exterior, quando esse exterior me submergia, quando aconteciam coisas que me deixavam louca, *outside*, na rua – ou quando não tinha nada melhor para fazer. Acontecia" (DURAS, 1983, p. 7). Muito embora a escrita tenha lhe permitido escrever um lugar no mundo, ainda assim não consistiu em uma solução estável para ela mesma (FUENTES, 2012).

> Já tenho consciência disso. Sei alguma coisa. Sei que não são as roupas que fazem a mulher mais ou menos bela nem os cuidados de beleza, nem os preços dos cremes, nem a raridade, o preço dos adornos. Sei que o problema não está aí. Não sei onde está. Sei apenas que não é onde as mulheres pensam. (DURAS, 1986, p. 23)

O que não quer dizer que a letra e o seu exercício sejam as únicas saídas possíveis. Dentre outras, a saída da devastação também pode se dar a partir do encontro contingencial com o amor, pela vertente do parceiro-sinthoma, que vem fixar a deriva pulsional, permitindo a mulher uma forma de localizar o ilimitado de seu gozo. Se não há o encontro entre os sexos, o que pode haver entre eles é o amor como sintoma possível.

Trata-se da decifração do que já estava ali, da maneira como cada sujeito inventa um nome para o feminino, dando consistência à sua existência, na noite, no fracasso das ondas, na imensidão do mar, no inenarrável do viver, ressonâncias da posição feminina.

4. Conclusão

Para Freud, a sexualidade feminina era enigmática e misteriosa. Por isso, denominou-a "continente negro", nomeação que irá envolver Freud em uma série de reflexões concernentes à feminilidade. Seu desconcerto pôde ser formulado diante de uma pergunta, que permaneceria em aberto: o que quer uma mulher?

A descoberta de que o sexo não é um fenômeno natural, e sim resultado de um processo de subjetivação, torna-se um marco extremamente significativo na teoria freudiana da sexualidade. Embora a anatomia tenha seu peso e a referência ao corpo seja inevitável, ela, por si só, não é suficiente para determinar a constituição do ser sexuado do sujeito.

Conforme nos mostrou a psicanálise, ao dizermos menino e menina, isso não quer dizer que estamos nos referindo à posição masculina e à posição feminina, pois ambos, masculino e feminino, são tratados como posições subjetivas que nada têm a ver com a identidade sexual anatômica. O falo entra em jogo como significante privilegiado com o qual o sujeito poderá subjetivar seu ser sexuado.

O falo será subjetivado pelo menino sob o modo de um "tenho" e, por isso, a castração lhe ameaça. Já na menina, o falo será subjetivado com um "não tenho", o que quer dizer que a castração já está efetuada desde o início. Ao se descobrir castrada, a menina busca um substituto simbólico para aquilo que ela não tem. A introdução do falo enquanto símbolo que estabelece a diferença natural entre os sexos é capaz de gerar duas significações em termos de castração – ter o falo e não ter o falo –, as quais repercutem na forma como cada um vivenciará seu sexo, como masculino ou como feminino.

Vimos que essa subjetivação se dá, inicialmente, no contexto da relação com o Outro materno, cujos desejos, fantasias e gozos incidem nas crianças de ambos os sexos. Compreender que há uma relação muito particularizada da menina com a mãe foi o que possibilitou a Freud fazer uma releitura da teoria do Édipo e identificar aí uma série de dificuldades decorrentes do fato de haver apenas um representante do sexo no inconsciente. É no contexto do complexo de Édipo, da relação primeira com a mãe e, depois, com o pai, que se revelam várias consequências psíquicas decorrentes da inveja do pênis, eixo por onde perpassa, na teoria freudiana, a sexualidade feminina. A associação entre falta de pênis e falta de amor aponta para uma questão que se revela crucial para toda filha. Os sentimentos de ódio e de hostilidade que a menina desenvolve em relação à mãe, em razão de esta não lhe ter dado o órgão fálico, são, dentre outras, marcas indeléveis do desejo feminino, traduzido pela reivindicação fálica.

Na trajetória edípica da menina, que tem um desenlace indefinidamente longo e difícil, abrem-se duas possibilidades que definem os destinos da mulher, a partir da relação com o falo. Na primeira possibilidade, pode ocorrer que a menina nunca se separe do vínculo primordial com a mãe e não logre uma orientação sexual voltada para o homem. Na segunda possibilidade, a menina se identifica com o homem como portador do órgão imaginário e retorna ao complexo de masculinidade. Muitas vezes, fixa-se nele, abrindo-se a via da homossexualidade. Outras vezes, finalmente, segundo a elaboração de Freud, a menina toma o pai como objeto de amor, na esperança de receber dele e, posteriormente, de outro homem, o falo que a mãe não pode lhe dar, de acordo com a equivalência simbólica entre pênis e filho. A maternidade seria, para Freud, a saída menos problemática para os impasses do feminino. Um filho como metáfora do falo desejado pode reparar o vazio da ausência de simbolização do ser da mulher. Contudo, o filho não satura o desejo feminino que, por estrutura, é insaciável.

A tensão na relação entre mãe e filha, decorrente da descoberta de que a castração é uma condição do feminino e da consequente inveja do pênis, contribui para que a sexualidade feminina apresente-se para Freud como paradoxal e enigmática. Coube à Lacan retomar e relançar novas questões sobre o tema do feminino, entre elas a noção de devastação, extraída do seu texto intitulado "O Aturdito" (1972/2003): "Por essa razão, a elucubração freudiana do complexo de Édipo, que faz da mulher peixe na água, pela castração ser nela ponto de partida (Freud *dixit*)" (Lacan, 1972/2003, p. 465). Lacan está querendo dizer que a ideia freudiana em relação à castração é que as mulheres movimentam-se tal como peixe na água. É dado como certo que, na menina, a ameaça de castração não tem efeitos, uma vez que ela já é castrada. A ameaça de castração torna-se, portanto, na menina, o ponto de partida para a entrada no Édipo.

Ao seguirmos na citação de "O Aturdito", vemos que Lacan diverge de Freud: "Contrasta dolorosamente com a realidade de devastação que constitui, na mulher, em sua maioria, a relação com sua mãe" (Lacan, 1972/2003, p. 465).

Se a castração não é o problema, pois ela não representa nenhuma ameaça, a dificuldade localiza-se muito mais na "realidade de devastação" com que a mãe apresenta-se. Temos, até aqui, uma referência ao Édipo, e Lacan credita ao

Penisneid uma parte da tensão resultante da relação entre mãe e filha. Contudo, a devastação aponta para algo além dessa rivalidade edípica. Definida enquanto ruína, aniquilamento, destruição completa, a devastação encontra-se descrita na clínica e na literatura de formas variadas, como o faz Marguerite Duras, em seu romance *Barragem contra o Pacífico*.

O fato é que, para a menina, para além da castração, da falta fálica e do complexo de Édipo, é da mãe "de quem, como mulher, ela realmente parece esperar mais substância que do pai – o que não combina com ele ser segundo, nessa devastação" (Lacan, 1972/2003, p. 465).

A perspectiva tomada por Lacan ao introduzir que, na relação com a mãe, a filha parece esperar, como mulher, mais substância que do pai, já desloca a ideia de que a devastação seria creditada à figura da mãe. Não seria exatamente da mãe, mas da mãe enquanto mulher que se espera algo mais consistente, mais substancial, algo que é não necessariamente da ordem material. Nesse sentido, o devastador não é a relação mãe-filha, mas o fato de a filha endereçar à mãe a pergunta sobre uma mulher.

A substância que a menina encontra está do lado do pai, ou seja, o pai é quem pode lhe fornecer os semblantes fálicos. Todavia, o semblante é insuficiente, pois algo resta sem definição, já que o falo não satura todo o campo pulsional da mulher. Por isso, a menina continua insistindo, de maneira incessante, em querer resolver a questão da feminilidade pelo lado da mulher, esperando algo de alguém que é tão insubstancial e afetada quanto ela.

É aí que algo não vai bem. Lacan localiza essa dificuldade na duplicidade da posição feminina. Interrogar sobre o que é uma mulher e tornar-se mulher são duas soluções essencialmente distintas, e cada uma contém seus percalços, sendo uma o contrário da outra (Lacan, 1955-1956/1988).

Histeria e feminilidade são dois modos diferentes de se posicionar em relação ao falo, na busca de uma identificação fundamental para o feminino, que não existe. A histérica, pela via da identificação ao homem, busca uma solução fálica que seria capaz de supri-la. Suprir o impossível de simbolizar, o ser da mulher. Lacan admite que a histeria, assim como a maternidade, são sim soluções, porém insuficientes, porque sempre resta algo fora do domínio fálico. Por outra parte, indica a singularidade da solução da posição feminina, distinta da posição histérica, que é a de se defrontar com a divisão entre o gozo fálico e gozo não-todo fálico, por meio do consentimento em tornar-se "Outra para ela mesma", tarefa para a qual o homem lhe serve como conector (Lacan, 1958/ 1998, p. 741).

O tornar-se mulher implica, em primeira instância, separar-se da mãe. Mais do que uma separação, trata-se de uma deserção. Para Duras, o "tornar-se mulher" só foi possível quando ela se converteu em "tornar-se escritora". Foi a prática da escrita que possibilitou a Duras fazer uma barragem para conter algo do gozo excessivo e avassalador, limitando os efeitos de devastação advindos de sua relação com a mãe.

Assim, se significante fálico só define a mulher enquanto castrada, a invenção de um nome, pela vertente da escrita ou do dispositivo da análise, possibilita à mulher encontrar um nome para o feminino, podendo cernir algo do gozo não-todo. Não se trata, pois, de um gozo regido pela lógica da castração, mas de um gozo regido pela privação de um objeto real. Porém, Lacan adverte que é recomendável que se passe pela castração, mas que possa se prescindir dela, deve ser previsto.

Em três momentos distintos, o termo devastação, abordado pelo viés do gozo suplementar, feminino, aparece na teoria lacaniana. Um deles é em *O Seminário, livro 17* (1969-1970), quando Lacan fala sobre os efeitos do desejo da mãe, que sempre carreia estragos sobre os filhos. Isso ocorre porque há uma área obscura do desejo da mãe que não é totalmente recoberta pelo Nome-do-Pai. Tal área tende a ser tomada equivocadamente como primitiva, anterior ao Édipo, mas é, na verdade, concomitante ao Édipo e porta um gozo a mais, enigmático e invasivo, que pode se apresentar de várias formas. Uma delas seria a forma da devastação. Posteriormente, em "O Aturdito" (1972), Lacan fala na devastação como uma expectativa da filha de que a mãe, enquanto mulher, lhe ofereça uma substância a mais. Em *O Seminário, livro 23* (1975-1976), Lacan fala da devastação entre a mulher e homem. Segundo ele, um homem, na parceria amorosa, pode ser pior que uma aflição, pode ser uma devastação para uma mulher (LACAN, 1975-1976/2007).

Embora apareçam em contextos distintos na obra de Lacan, todas as três referências dizem respeito à inexistência do significante d'*A* mulher, marca inexorável da castração, que Lacan escreveu sob a forma do matema S(Ⱥ), presente nas fórmulas da sexuação e que se impõe para todos como o exílio da "relação sexual que não existe". A devastação aparece relacionada a um gozo suplementar, feminino e indizível, já que impossível de se representar pelo significante.

Tornou-se imprescindível fazer um retorno a Freud para verificar se o gozo suplementar já estava presente em seu ensino e de que maneira ele articular-se-ia à constituição do sujeito, mais especificamente, do sujeito feminino. Freud, ao falar da mulher como aquela que cuida dos interesses da família e da vida sexual e que não se conforma com os limites que lhe são impostos pela civilização, questiona a existência do supereu nas mulheres. A mulher freudiana apresenta-se segundo duas vertentes: na primeira, como um ser portador da falta fálica, de um menos de gozar, derivado do complexo de castração e, na segunda vertente, por um excesso, traduzido pelo desejo insaciável da mulher de possuir um pênis, nomeado por *Penisneid*, e sem supereu. Pode-se concluir que o ilimitado do gozo feminino está muito próximo do que Freud queria dizer quando formulou que não existiria limite à castração para a mulher. Além disso, Freud já havia localizado uma relação particularmente estreita entre feminilidade e vida pulsional.

A mãe, ao introduzir cuidados e fazer a manipulação do corpo do bebê, traz a marca pulsional de seu gozo. Isso fica como um resto do qual a filha deverá se emancipar. Freud enfatiza que "uma parte da libido da criança permanece aderida a essas experiências e goza das satisfações conexas" (Freud, 1931/1976, p. 238). Concomitantemente aos cuidados maternos, destacou-se também a precedência da linguagem na determinação e na constituição do corpo do sujeito, fenômeno que é válido para ambos os sexos. No caso da mulher, a subjetivação do corpo possui uma especificidade: não há diferença sexual anatômica que possa imprimir uma diferença entre mãe e filha, o que lhes dá a ilusão de uma proximidade corporal e também de uma cumplicidade na experiência feminina. Todavia, essa proximidade encobre uma disparidade radical e feroz. Isso porque, como falta um significante feminino, a mulher nunca está certa de poder contar com uma consistência suficientemente firme que lhe permita articular a identificação à mãe.

Tanto o termo *catástrofe*, designado por Freud, quanto *devastação*, designado por Lacan, relacionam-se à subjetividade feminina e designam algo que se origina no que a filha espera de sua identificação feminina e que se revela impossível.

A castração e as identificações edípicas são suficientes para definir o homem. Porém, em relação à mulher, foi preciso que Lacan fosse mais além da lógica fálica e deslocasse a questão das relações entre os sexos de um *ter – ele não é sem tê-lo* – e de um *ser – ela é sem tê-lo* – para o campo do gozo. Ao formular que uma mulher é não-toda referida ao falo, a referência passa a ser o gozo e o modo como cada um dos sexos se articula a ele.

Isso se confirma nas fórmulas da sexuação de Lacan, que explicitam a diferença sexual a partir da lógica, fazendo do falo uma função e mostrando como homens e mulheres cumprem ou não a função fálica.

Os sujeitos que se posicionam do lado homem estão confrontados a uma exceção que, por sua vez, possibilita a existência de um conjunto fechado. Isso quer dizer que todos os sujeitos que ali se encontram estão inscritos na lógica fálica.

Do lado mulher, isso não é possível. As mulheres não estão confrontadas a uma exceção, e sim a uma inexistência. Consequentemente, do lado mulher, não se pode constituir o conjunto de todas as mulheres. A ausência de exceção constitui um sujeito que se instala fora do universal. Cada mulher é uma. Portanto, ao se localizar do lado mulher das fórmulas, o sujeito feminino, seja ele homem ou mulher, pode se inscrever pelo viés de um gozo que tem relação com o ilimitado, isto é, o gozo suplementar, feminino, que não se encontra limitado pelo falo. A partir da leitura de Lacan do gozo feminino, a devastação pode ser lida como uma dificuldade estrutural própria à inexistência do todo-feminino, ligado ao $S(\not{A})$.

Verificamos que, tanto na teoria freudiana quanto na lacaniana, o retorno da devastação no sujeito feminino confrontado ao Desejo da Mãe e, mais especificamente, àquilo do desejo materno que não é inteiramente recoberto pela significação fálica, àquilo na mãe, enquanto mulher, que é inominável. Partimos da premissa de que as mulheres estariam não-todas inscritas na função fálica e de que haveria algo do seu ser de mulher que não seria significável. A partir daí, então, propusemo-nos a verificar nossa hipótese: se haveria algo da devastação entre mãe e filha que, posteriormente, repercutiria nas parcerias amorosas das mulheres com os homens. Mais uma vez, ao tratarmos da temática amorosa, buscamos uma aproximação entre os textos de Freud e de Lacan.

Freud descreveu algumas parcerias entre homens e mulheres em seus trabalhos. Posteriormente, Lacan, ao longo de seu ensino, acrescentou outras possibilidades a essas parcerias. Lacan condensou essas parcerias na noção de parceria com o sintoma, cuja função é suprir a falta da relação sexual. Isto é: o sintoma inscreve-se no lugar da falta resultante da não equivalência entre homens e mulheres.

Nisso se fundamenta o trabalho de Miller "A teoria do parceiro" (2000), em que ele eleva à categoria de noção fundamental o sintagma criado por Lacan *parceiro-sintoma.* Ao esclarecer que o verdadeiro parceiro do sujeito é sua forma de gozar, abre-se também outra perspectiva em relação ao significante. O significante não apenas mortifica o corpo e libera o mais de gozar, mas também determina o modo como o *falasser* se serve do Outro para gozar.

Se o sintoma é um parceiro do gozo do lado masculino, é porque predomina a forma fetichista de amar uma mulher, em oposição à forma erotômana de amar da mulher. Se, do lado masculino, o objeto de amor é fetichizado e o desejo passa pelo gozo, do lado feminino, predomina a forma erotômana de amar, um amor sem limites, insaciável, em que a mulher quer ter a certeza de ser amada (Lacan, 1958/1998, p. 742).

O parceiro-sintoma da mulher torna-se parceiro-devastação para a mulher, quando o amor, pela vertente do gozo feminino, não-todo, coloca-a em relação direta com o significante que falta no Outro. É nesse ponto que pudemos localizar toda a intensidade do caráter erotômano do amor, em que o homem pode ser o parceiro-devastação de uma mulher, para o melhor e para o pior. Para o melhor, como acontece nos casos de deslumbramento e de felicidade suprema das mulheres, devido à exagerada idealização do Outro. E, para o pior, nos casos em que a parceria provoca um sofrimento extremo sob a forma da angústia e momentos de ausência de si, que certamente aproximam as mulheres da loucura.

Além da relação da mulher com o falo, há alguns casos em que ela pode ser arrebatada em uma relação direta com o gozo não regulado nem pelo falo, nem pelo Édipo. Na clínica psicanalítica e na literatura, recolhem-se muitos testemunhos femininos sobre as mais variadas manifestações da estranheza com relação ao gozo feminino que, embora se localize no corpo, não é experimentado no corpo como próprio, permanecendo fora do tratamento que a linguagem pode oferecer, em termos de localização do gozo. O termo *devastação* pode estar associado à ideia de ruína, destruição, ou à ideia de um corpo arrebatado em estado de êxtase. Em temos místicos, ser arrebatado é ser transportado para uma experiência de felicidade suprema em que o sujeito é lançado para fora do tempo e do espaço e se sente despossuído de seu próprio corpo.

Depois de percorremos a noção de supereu e seus desdobramentos nas teorias freudiana e lacaniana, foi possível fazer uma aproximação entre o gozo feminino e o supereu. Lacan, ao dizer que o supereu feminino é mais terrível que os supereus materno e paterno, faz-nos entrever que o supereu feminino convoca para um gozo feminino, para além do falo, um gozo que se direciona para o infinito, que tem origem no *Penisneid* e visa um Outro absoluto que seja tudo para a mulher. Ao se dedicar a ser o supereu do homem, a mulher encarna o imperativo "Goza!", que se torna uma exigência de gozo, distinto do gozo fálico.

Entender que o sintoma é um sofrimento sempre localizado, circunscrito, e que a devastação remete a uma dor sem limites, a um estrago que se estende a tudo, foi importante para esta pesquisa, ao pensarmos nos possíveis encaminhamentos que os casos de devastação poderiam ter e nas possíveis soluções sintomáticas encontradas pelos sujeitos para lidar com a devastação, no dispositivo analítico e fora dele. Além disso, a distinção que Miller estabelece entre devastação e sintoma surgiu como uma ferramenta a mais para nos auxiliar na definição do termo *devastação*. Se o sintoma é passível de contabilização e de classificação, a devastação não o é. Justamente por isso, como nos adverte Miller, é impossível classificar a devastação. Grande parte de nossa dificuldade residiu aí: em tentar delimitar a devastação, que, na verdade, não pode ser interpretada, já que não é um conceito.

Jacques-Alain Miller definiu "a devastação é a outra face do amor" (Miller, 2015, p. 99). O que um e outro possuem em comum diz respeito ao não-todo, no sentido do indecidível, da inconsistência, que só tem valor na estrutura do infinito. O que é devastador para a mulher não é propriamente o amor demandado, mas a demanda de amor em si, em seu caráter potencialmente infinito, inerente à estrutura do não-todo, que retorna ao ser feminino.

Se, por um lado, o gozo feminino é um gozo do corpo, de um corpo que se torna Outro para o próprio sujeito, pois ele não está limitado ao órgão fálico, por outro lado, é um gozo da fala, que exige que seu parceiro que se apresente como Ⱥ, que exige que falte algo ao parceiro e que essa falta o faça falar, já que o amor pressupõe a falta, "é dar o que não se tem" (Lacan, 1960-1961/1992, p. 41). Ao contrário da maioria dos homens, a mulher necessita de amor para gozar e, de preferência, que ele seja manifestado por palavras. Uma mulher busca a palavra de amor supondo que, a partir daí, possa se isolar um significante que designe seu ser de mulher.

O valor assintótico que a demanda de amor assume do lado feminino remete à postulação de Freud, ao equiparar o feminino ao aparecimento do masoquismo. Contudo, o que se verificou é que o masoquismo é caracterizado como feminino porque, quando ele aparece nos homens, o que os alimenta e os mobiliza é a erotomania.

A noção de masoquismo feminino em Freud antecipa a relação do sujeito com o gozo feminino que não possui a medida fálica como limite. Tal tipo de gozo pode ser observado, por exemplo, nos casos de mulheres que se entregam à devoção amorosa, seja pelo amor a um homem, seja pelo amor aos filhos, e que não hesitam em perder tudo o que têm em prol desses amores.

É a partir da força da noção de privação que Lacan introduz a ideia de que se pode demandar algo que não pertença ao registro do ter. Há um registro em que jamais se obtém o que se demanda, que é o registro do ser. O gozo da privação é o que permite elucidar o gozo particular de uma mulher em fabricar um "mais" a partir da subtração do ter, sem que isso signifique, portanto, um mínimo de masoquismo.

De posse dos dados desenvolvidos nesta dissertação, foi possível pensar a devastação como um fato de estrutura, advinda de um gozo ilimitado, não-todo fálico, representado pelo matema S(Ⱥ). Nesse sentido, a devastação pode ocorrer contingencialmente com qualquer sujeito que se alinhe do lado A̸ Mulher.

A escrita de Duras e o relato de passe, apresentado como testemunho clínico do percurso de uma análise, permitiram que entrevíssemos como cada mulher encontrou uma solução para o ponto de devastação que a assolava, seja na relação com a mãe, seja na contingência do encontro com um homem.

Ao se localizar o ponto de devastação presente na relação com a mãe, como o modo pelo qual a própria mãe respondeu ao real de sua feminilidade, foi possível perceber o modo como essas mulheres puderam ter acesso a uma versão do feminino distinta do enredo materno, o que implica a invenção singular de um nome tecido com as sobras do real que fez suplência ao indizível do ser de mulher.

A criação do significante estrangeiro *patu*, que faz equívoco à língua materna, permitiu a esse sujeito deslocar-se de sua posição de objeto caído num abismo infinito para se tornar objeto causa de desejo na posição de analista.

A literatura de Duras, que mistura quase sempre ficção e realidade, mostra como a escrita permitiu a essa autora construir uma barragem contra o fluxo do amor materno, ao dar um tratamento possível para o impossível de dizer sobre o feminino.

Concluímos também que a saída da devastação pode se dar pela vertente do parceiro-sintoma. Nesse caso, o encontro contingencial com o amor pode vir a fixar a deriva pulsional, permitindo à mulher uma forma de localizar o ilimitado de seu gozo. Se não há encontro entre os sexos, o que pode haver entre eles é o amor como sintoma.

Entretanto, devido a toda a dificuldade inerente ao tema da devastação em sua relação com o não-todo, algumas questões permanecem em aberto. A ausência de significante d'*A* mulher, marca inexorável da castração, faz com que as soluções diante dos impasses frente ao feminino também sejam sempre provisórias, pois nenhuma delas selará o furo da relação sexual que não existe.

A mulher, enquanto aquilo que *não cessa de não se escrever*, presta-se não só ao que a experiência psicanalítica não cessa de se confrontar, mas também ao esforço dos poetas em decifrar aquilo do gozo feminino que permanecerá sempre opaco e refratário ao sentido. Como bem traduzem os versos de Cummings: "não sei dizer o que há em ti que fecha e abre; só uma parte de mim compreende que a voz dos teus olhos é mais profunda que todas as rosas" (Cummings, 1931/2012, p. 87).

Referências

ANDRÉ, S. *O que quer uma mulher?*. Tradução de D. D. Estrada. Rio de Janeiro: Jorge Zahar, 1991.

ARMEL, A. *Marguerite Duras et l'autobiographie*. Paris: Le Castor Astral, 1990.

BATLA, E.; CRISCAUT, J. J.; VALLA, D.; FAVRET, E. *et al. Un estrago la relacion madre-hija*. Buenos Aires: Grama ediciones, 1997.

BESSA, G. L. P. *Feminino*: um conjunto aberto ao infinito. Belo Horizonte: Scriptum Livros, 2012.

BIAGGIO, M. *Del estrago al síntoma*: una apuesta clínica. Buenos Aires: Grama Ediciones, 2012.

BRODSKY, G. Entre sintoma e devastação. *Entrevários – Revista de Psicanálise e Sáude Mental*, São Paulo, n. 2, p. 57-79, abr. 2008a.

BRODSKY, G. O homem, a mulher e a lógica. *Latusa*: *o semblante e a comédia dos sexos. Revista da Escola Brasileira de Psicanálise* (EBP-Rio), Rio de Janeiro, n. 13, p. 171-192, 2008b.

BROUSSE, M-H. Uma dificuldade da análise das mulheres: a devastação com a mãe. Tradução de R. G. Lopes e E. M. *Latusa: a política do medo e o dizer do psicanalista. Revista da Escola Brasileira de Psicanálise* (EBP-Rio), Rio de Janeiro, n. 9, p. 57-67, 2004.

CUMMINGS, E. E. Nalgum lugar em que eu nunca estive, alegremente além. In: *Poem(a)s*. Tradução de A. de Campos. Campinas: Ed. Unicamp, 2012.

DURAND, I. *El superyo, femenino*: las afinidades entre el superyó e el goce femenino. Buenos Aires: Tres Haches, 2008.

DURAS, M. *A vida material*. Tradução de H. Jahn. Rio de Janeiro: Globo, 1989. (Trabalho originalmente publicado em 1987).

DURAS, M. *Barragem contra o Pacífico.* Tradução de E. A. Ribeiro. São Paulo: Arx, 2003. (Trabalho originalmente publicado em 1950).

DURAS, M. *Escribir.* Buenos Aires: Tusquets Editiones, 2010. (Trabalho originalmente publicado em 1993).

DURAS, M. *O amante.* Tradução de A. S. Rodrigues. Rio de Janeiro: Rio Gráfica, 1986. (Trabalho originalmente publicado em 1984).

DURAS, M. *Outside*: notas à margem. Tradução de M. F. Duarte. São Paulo: DIFEL, 1983. (Trabalho originalmente publicado em 1981).

DURAS, M.; GAUTHIER, X. *Boas falas* – conversas sem compromisso. Tradução de S. M. Campos. Rio de Janeiro: Record, 1974.

FREUD, S. A dissolução do complexo de Édipo. In: *Edição standard brasileira das obras psicológicas completas de Sigmund Freud.* Tradução de J. Salomão. v. XIX, p. 303-320. Rio de Janeiro: Imago, 1976. (Trabalho original publicado em 1924).

FREUD, S. A organização genital infantil. In: *Edição standard brasileira das obras psicológicas completas de Sigmund Freud.* Tradução de J. Salomão. v. XIX, p. 303-320. Rio de Janeiro: Imago, 1976. (Trabalho original publicado em 1923).

FREUD, S. A psicogênese de um caso de homossexualismo numa mulher. In: *Edição standard brasileira das obras psicológicas completas de Sigmund Freud.* Tradução de J. Salomão. v. XVIII, p. 183-212. Rio de Janeiro: Imago, 1976. (Trabalho original publicado em 1920).

FREUD, S. A questão da análise leiga. In: *Edição standard brasileira das obras psicológicas completas de Sigmund Freud.* Tradução de J. Salomão. v. XX, p. 209-293. Rio de Janeiro: Imago, 1976. (Trabalho original publicado em 1926).

FREUD, S. Algumas consequências psíquicas da distinção anatômica entre os sexos. In: *Edição standard brasileira das obras psicológicas completas de Sigmund Freud.* Tradução de J. Salomão. v. XIX, p. 303-320. Rio de Janeiro: Imago, 1976. (Trabalho original publicado em 1925).

FREUD, S. Análise terminável e interminável. In: *Edição standard brasileira das obras psicológicas completas de Sigmund Freud*. Tradução de J. Salomão. v. XXIII, p. 139-165. Rio de Janeiro: Imago, 1976. (Trabalho original publicado em 1937).

FREUD, S. Feminilidade. In: *Edição standard brasileira das obras psicológicas completas de Sigmund Freud*. Tradução de J. Salomão. v. XXII, p. 139-165. Rio de Janeiro: Imago, 1976. (Trabalho original publicado em 1933).

FREUD, S. Inibição, sintoma e angústia. In: *Edição standard brasileira das obras psicológicas completas de Sigmund Freud*. Tradução de J. Salomão. v. XX, p. 107-200. Rio de Janeiro: Imago, 1976. (Trabalho original publicado em 1926).

FREUD, S. O ego e o id. In: *Edição standard brasileira das obras psicológicas completas de Sigmund Freud*. Tradução de J. Salomão. v. XIX, p. 32-54. Rio de Janeiro: Imago, 1976. (Trabalho original publicado em 1924).

FREUD, S. O mal-estar na civilização. *Edição standard brasileira das obras psicológicas completas de Sigmund Freud*. Tradução de J. Salomão. v. XXI, p. 75-171. Rio de Janeiro: Imago, 1976. (Trabalho original publicado em 1930).

FREUD, S. O problema econômico do masoquismo (1924) In: *Edição standard brasileira das obras psicológicas completas de Sigmund Freud*. Tradução de J. Salomão. v. XIX, p. 197-212. Rio de Janeiro: Imago, 1976. (Trabalho original publicado em 1924).

FREUD, S. Sexualidade feminina. In: *Edição standard brasileira das obras psicológicas completas de Sigmund Freud*. Tradução de J. Salomão. v. XXI, p. 257-279. Rio de Janeiro: Imago, 1976. (Trabalho original publicado em 1931).

FREUD, S. Sobre o narcisismo: uma introdução (1914) In: *Edição standard brasileira das obras psicológicas completas de Sigmund Freud*. Tradução de J. Salomão. v. XIV, p. 89-119. Rio de Janeiro: Imago, 1976. (Trabalho original publicado em 1914).

FREUD, S. Três ensaios sobre a teoria da sexualidade. In: *Edição standard brasileira das obras psicológicas completas de Sigmund Freud*.

Tradução de J. Salomão. v. VII, p. 139-165. Rio de Janeiro: Imago, 1976. (Trabalho original publicado em 1905).

FREUD, S. Um caso de paranóia que contraria a teoria psicanalítica. In: *Edição standard brasileira das obras psicológicas completas de Sigmund Freud*. Tradução de J. Salomão. v. XIV, p. 297. Rio de Janeiro: Imago, 1976. (Trabalho original publicado em 1915).

FREUD, S. Uma criança é espancada: uma contribuição ao estudo da origem das perversões sexuais. In: *Edição standard brasileira das obras psicológicas completas de Sigmund Freud*. Tradução de J. Salomão. v. XVII, p. 303-320. Rio de Janeiro: Imago, 1976. (Trabalho original publicado em 1919).

FUENTES, M. J. S. *As mulheres e seus nomes*: Lacan e o feminino. Belo Horizonte: Scriptum Livros, 2012.

GEREZ-AMBERTÍN, M. *As vozes do supereu*: na clínica psicanalítica e no mal-estar da civilização. Tradução de S. Chelbi. Rio de Janeiro: Cia. de Freud, 2009.

GLAZE, A.; ACEVEDO, L. (Org.). Madre, niña, estrago, una salida posible. In: *No locas-del-todo*, p. 83-89. Buenos Aires: Grama Edicones, 2012.

HOLCK, A. L. L. R. Mulheres e objetos. *Opção Lacaniana – Revista Brasileira Internacional de Psicanálise*, v. 52, p. 88-91, 2008.

HOLCK, A. L. L.; SOLANO, E.; DASSEN, F. *Feminidad y fin de análisis*. Buenos Aires: Grama Ediciones, 2009.

LACAN, J. A significação do falo. In: *Escritos*, p. 692-703. Tradução de V. Ribeiro. Rio de Janeiro: Jorge Zahar, 1998. (Trabalho original proferido em 1958).

LACAN, J. Diretrizes para um Congresso sobre a sexualidade feminina. In: *Escritos*, p. 734-745. Tradução de V. Ribeiro. Rio de Janeiro: Jorge Zahar, 1998. (Trabalho original proferido em 1958).

LACAN, J. Homenagem a Marguerite Duras pelo arrebatamento de Lol. V. Stein. In: *Outros Escritos*, p. 448-497. Tradução de V. Ribeiro. Rio de Janeiro: Jorge Zahar, 2003. (Trabalho original publicado em 1965).

LACAN, J. *Le séminaire, livre 24*: L'insu que sait de l'une-bévue s'aile à mourre. *Ornicar? Bulletin périodique du Champ freudien*, n. 12/13 (spécial), leçon du 16 novembre 1976.

LACAN, J. Nomina non sunt consequentia rerum. Seminário de 08 de março de 1977. *Opção Lacaniana*, n. 28, p. 6-18, 2000.

LACAN, J. Notas sobre a criança. In: *Outros escritos*, p. 369-370. Tradução de V. Ribeiro. Rio de Janeiro: Jorge Zahar, 2003. (Trabalho original proferido em 1969).

LACAN, J. O Aturdito. In: *Outros escritos*, p. 448-497. Tradução de V. Ribeiro. Rio de Janeiro: Jorge Zahar, 2003. (Trabalho original proferido em 1972).

LACAN, J. *O Seminário, livro 17*: o avesso da psicanálise. Tradução de V. Ribeiro. Rio de Janeiro: Jorge Zahar, 1992. (Trabalho original proferido em 1969-70).

LACAN, J. *O Seminário, livro 20*: mais, ainda. Tradução de V. Ribeiro. Rio de Janeiro: Jorge Zahar, 2008. (Trabalho original proferido em 1972-73).

LACAN, J. *O Seminário, livro 23*: o sinthoma. Tradução de V. Ribeiro. Rio de Janeiro: Jorge Zahar, 2007. (Trabalho original proferido em 1975-1976).

LACAN, J. *O Seminário, livro 3*: as psicoses. Tradução de V. Ribeiro. Rio de Janeiro: Jorge Zahar, 1988. (Trabalho original proferido em 1955-56).

LACAN, J. *O Seminário, livro 4*: a relação de objeto. Tradução de V. Ribeiro. Rio de Janeiro: Jorge Zahar, 1995. (Trabalho original proferido em 1956-57).

LACAN, J. *O Seminário, livro 5*: as formações do inconsciente. Tradução de V. Ribeiro. Rio de Janeiro: Jorge Zahar, 1999. (Trabalho original proferido em 1957-58).

LACAN, J. *O Seminário, livro 7*: a ética da psicanálise. Tradução de V. Ribeiro. Rio de Janeiro: Jorge Zahar, 2008. (Trabalho original proferido em 1959-60).

LACAN, J. *O Seminário, livro 8*: a transferência. Tradução de V. Ribeiro. Rio de Janeiro: Jorge Zahar, 1992. (Trabalho original proferido em 1960-61).

LACAN, J. Posição do inconsciente. In: *Escritos*. Tradução de V. Ribeiro. Rio de Janeiro: Jorge Zahar, 1998. (Trabalho original proferido em 1960).

LACAN, J. Televisão. In: *Outros escritos*, p. 508-543. Tradução de V. Ribeiro. Rio de Janeiro: Jorge Zahar, 2003. (Trabalho original proferido em 1973).

LAURENT, D. *El analista mujer*. Buenos Aires: Tres Haces, 2005.

LAURENT, É. *A psicanálise e a escolha das mulheres*. Belo Horizonte: Scriptum Livros, 2012.

LESSANA, M.-M. *Entre mère et fille*: um ravage. Paris: Fayard, 2000.

MANDIL, R. *Os efeitos da letra*: Lacan, leitor de Joyce. Rio de Janeiro/Belo Horizonte: Contra Capa, 2003.

MILLER, J.-A. A lógica da direção da cura psicanalítica. *Opção Lacaniana*, São Paulo, n. 9, jan./mar. 1994.

MILLER, J.-A. A teoria do parceiro. In: *Os circuitos do desejo na vida e na análise*. Escola Brasileira de Psicanalise. (Org.), p. 153-207. Rio de Janeiro: Contra Capa, 2000.

MILLER, J.-A. Clínica del superyó (1981). *Recorrido de Lacan*. Buenos Aires: Manantial, 1987.

MILLER, J.-A. *De la naturaleza de los semblantes*. Buenos Aires: Paidós, 2005.

MILLER, J.-A. *El Outro que no existe y sus comités de ética*. Buenos Aires: Paidós, 2010.

MILLER, J.-A. *El partenaire-síntoma*. Buenos Aires: Paidós, 2011.

MILLER, J.-A. *La experiência de lo real en la cura psicoanalítica*. Buenos Aires: Paidós, 2003.

MILLER, J.-A. *La fuga del sentido*. Buenos Aires: Paidós, 2012.

MILLER, J.-A. *O osso de uma análise + O inconsciente e o corpo falante*. Rio de Janeiro: Zahar, 2015.

MILLER, J.-A. Uma partilha sexual. *Clique: o sexo e seus furos*, n. 2, p. 13-29, ago. 2003.

MOREL, G. A função do sintoma. *Revista Agente de psicanálise*, ano IV, n. 11, p. 4-20, abr. 1999.

RECALDE, M. Madre, niña,estrago, una salida posible. In: *No locas-del-todo*, p. 83-89. Compilado por Alejandra Glaze y Leticia Acevedo. Buenos Aires: Grama Ediciones, 2012.

ROSA, M. Guy de Maupassant e a sulcagem do real: Le Horla. *Curinga*, n. 22, p. 135-141, jun. 2006.

SANTIAGO, J. Nuevos modos de goce: sexuación masculina y sus alcances en final de análisis; sexuacíon femenina, clínica del estrago. *Seminario de Otoño*, p. 31-52. Córdoba, 2004.

SILVA, M. A. W. *Entre memorias e idéias*: o discurso feminino de Gabrielle Roy e Marguerite Duras. Rio de Janeiro: 7 Letras, 2004.

SOLANO-SUÁREZ, E. Las mujeres y sus pasiones. *aSEPHallus*, ano 2, n. 3, nov. 2006. Disponível em: <http://www.isepol.com/asephallus/numero_03/artigo_01esp_edicao03.htm>. Acesso em: 03 fev. 2015.

SOLER, C. *Variáveis do fim da análise*. Tradução de A. Harari. Campinas: Papirus, 1995.

TAVARES, H. C. *Troca de Mulheres (em Lévi-Strauss e Lacan)*. Rio de Janeiro: Hólon Editorial, 1992.

TENDLARZ, S. E. *Las mujeres y sus goces*. Buenos Aires: Biblioteca de la Coleccíon Diva, 2002.

UDENIO, B. Nuanças clínicas da relação mãe-filha. *Phoenix – Revista da delegação da Escola Brasileira de Psicanálise*, Paraná, 2000.

ZALBERG, M. *Amor, paixão feminina*, Rio de Janeiro: Elsevier, 2007.

Construindo ideias
e conectando mentes

Este livro foi composto com tipografia Bembo
e impresso em papel Offset 90g.

Impressão e Acabamento | Gráfica Viena
Todo papel desta obra possui certificação FSC® do fabricante.
Produzido conforme melhores práticas de gestão ambiental (ISO 14001)
www.graficaviena.com.br